フェルナンド・トーレス

これまでの道、これからの夢

フェルナンド・トーレス 著
構成・訳 竹澤哲

徳間書店

Keita Yasukawa

Masahiro Ura

僕は新しいことへの挑戦が好きだ。
目の前の障害を乗り越えていきたい。
問題を抱えても、逆境に遭遇しても
それを乗り越えていきたい。

Masahiro Ura

Masahiro Ura

新聞
9

何事も信じなければやりとげることはできない。
だから、まずは信じなければいけないのだ。

Masahiro Ura

MARBELLA
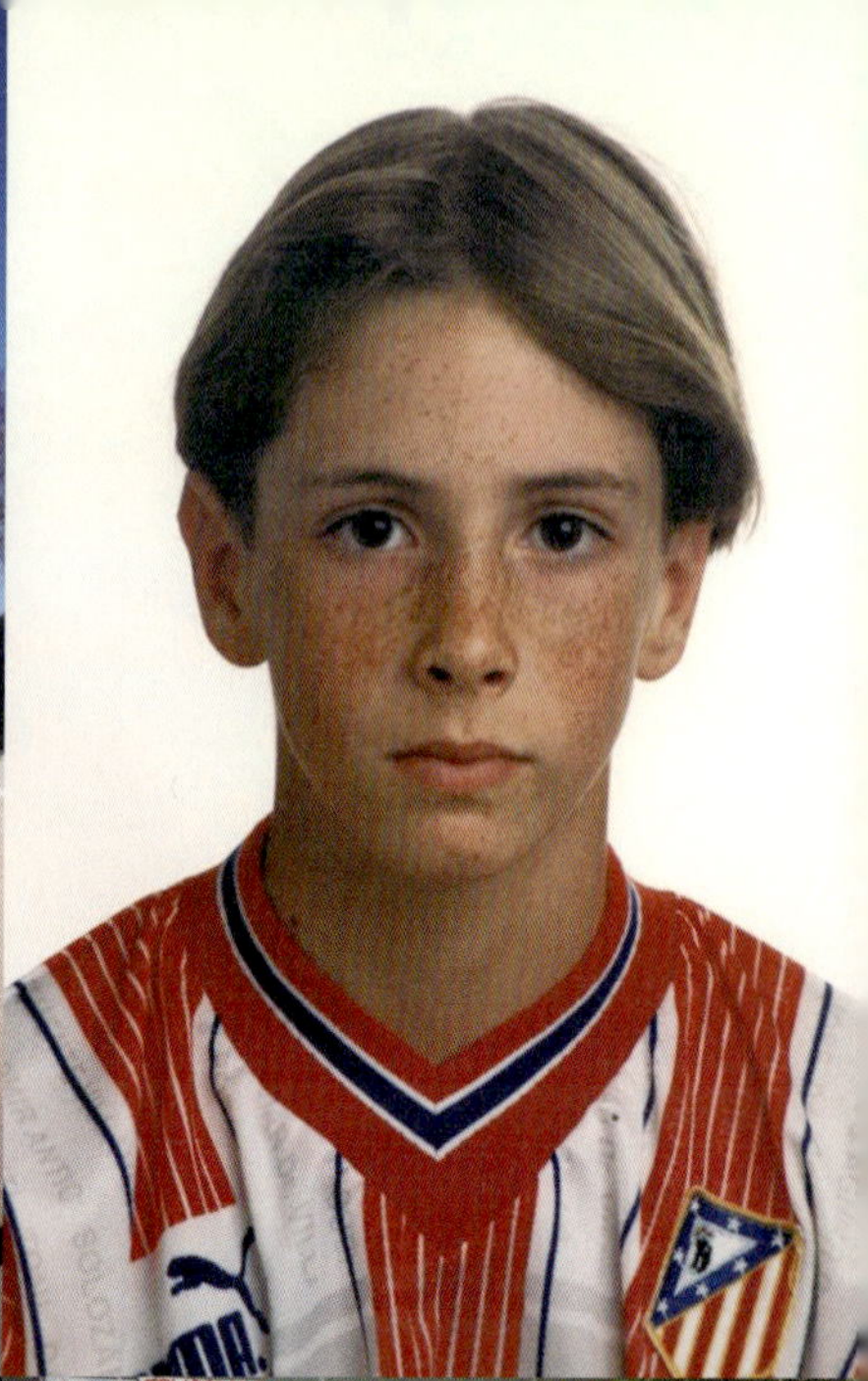

MARBELLA

COLABORADORES

AFLO

REUTERS/AFLO

AP/AFLO

AFLO

AP/AFLO

Press Association/AFLO

AP/AFLO

AP/AFLO

REUTERS/AFLO

AFLO

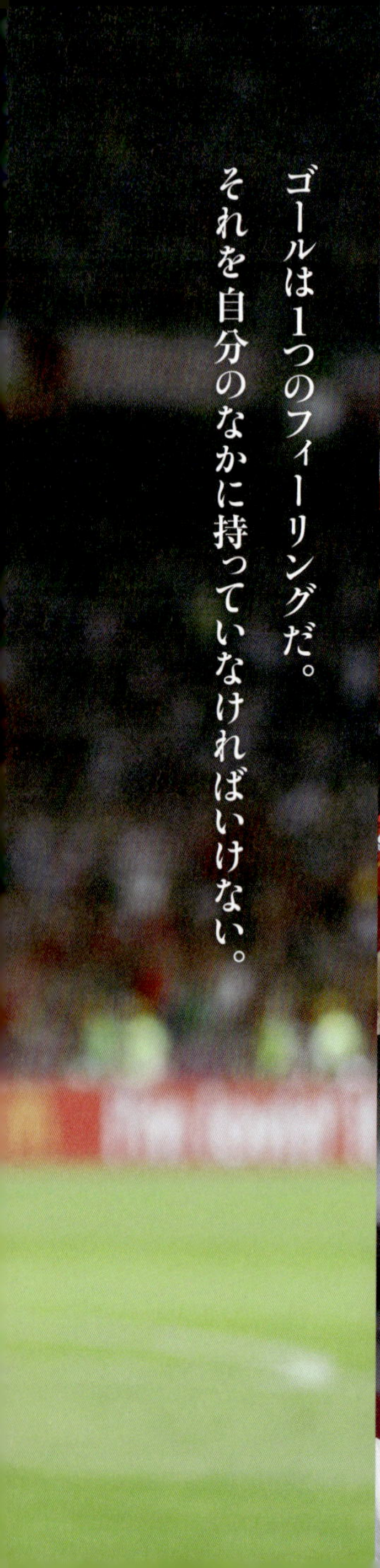

ゴールは1つのフィーリングだ。
それを自分のなかに持っていなければいけない。

AP/AFLO

REUTERS/AFLO

REUTERS/AFLO

Action Images/AFLO

Agencia EFE/AFLO

AFP/AFLO

Agencia EFE/AFLO

AFP/AFLO

Masahiro Ura

もっとも大切だと思うのは、
夢に向かってがんばる過程でも
しっかりと楽しむことだ。
日々の練習、そして、
努力することを楽しむ。
その過程でも
幸せであることを感じることだ。

Prólogo

新たなる挑戦、日本への旅立ち

２０１８年7月14日、スペイン・マドリード。

いつものように暑い一日になりそうな朝だった。家族を残し、僕はたった一人、日本に向けて旅立った。まずは、自分一人で新たな生活をスタートさせることにしたのだ。

日本に着いたら、すぐにでもチームに合流して練習を始め、なるべく早く試合に出たい。それから家族と暮らす家を見つけて、子どもたちの通う学校も決めなければ……。新生活を始めるにあたって、街の様子や周りの環境など、家族が来る前に僕自身が知っておくことは大切だと思ったからだ。

子どもたちは夏休みの最中だったから、実際には一緒に来ることも可能だった。けれど、一人きりのほうがいろいろと都合もよかった。なぜなら、日本に着いてからは、たくさんのことが待ち受けていたからだ。入団会見や様々なイベント、それに練習も続くし、僕が家にいられない時間も長いだろう。だから最初は、一人で生活を始めて、少し落ち着いてから家族を呼ぶ、そんなプランを頭に描いていた。

その日は、ドイツのフランクフルトで乗り換えて、成田空港行きの飛行機に乗り込んだ。日本までのフライトは長時間だったから、そのなかでいろいろなことを考えていた。

僕の決心は、けっして間違ったものではないとは思っていたけれど、実際、日本に着いたらどのようなことが待ち受けているのだろうか。僕は日本の文化にとても関心を抱いているが、それまで想像でしかなかったことが、これからは自分自身で実際に体験をしていくことになる。日本はどのように僕を受け入れてくれるのだろうか……。

これからスタートする新生活に思いを巡らすのだった。

飛行機のなかでは、僕に同行してくれた通訳から、入団会見で挨拶《あいさつ》をするために必要な日本語をいくつか教えてもらった。フライトは長いし、それを記憶するだけの時間は十分にあった。

そのときに感じたのは「日本語の発音は、スペイン語とあまり変わらないから、少なくとも口に出すのは難しくないな」というものだった。だから僕は、落ち着いたらもっと日本語をしっかり勉強しようと思った。

日本には、これまでに2回行ったことがあった。

最初は2012年、イングランドのチェルシーFCの一員として、FIFAクラブワールドカップへ出場したときだった。

2回目は、2015年の夏、アトレティコ・マドリードがサガン鳥栖《とす》とプレシーズンマッチを戦うために行ったときだった。

その2回の滞在で受けた日本の印象は、すべてにおいて、とてもよくオーガナイズされている国だということだった。街は静かだし、人々はとても礼儀正しく、リスペクトをもって接してくれる。

とくに僕が驚いたのは、たくさんの人が行き来する街角でも、とても静かだったこと。つまりそれは、人々がみな穏やかだからなのか——。

だから、日本で暮らせば、静かな生活を営むことができるのではないかと思ったのだ。ヨーロッパではそのような生活を送ることはとても無理だった。だって、どこへ行っても騒がれてしまうから……。


僕たち夫婦は、若い頃からスペインを出て、これまでいろいろなところを回ってきた。だから、どこへ行っても、恐れることなど何もなかった。いや、むしろそれは、ワクワクする冒険のような楽しみを予感させるものだった。

僕は、新たな冒険の場所として、日本という国を選んだ。

新しい何かを学べるという冒険が、これから日本で始まろうとしていた——。

目次

第4章 フットボール El fútbol …… 137

第6章 未来 Futuro

Capítulo 1

Un nuevo mundo

決断 La decisión

２０１８年４月９日だった。

僕は２０１７－18年シーズンを最後に、アトレティコ・デ・マドリードを退団することを発表した。あるメーカーの商品発表の席を借りて、そこで自分の気持ちを正直に説明した。

「決断を下すときは、遅かれ早かれやってくるものです。クラブとの契約期間は、私自身が出て行くことを決めたときとしていました。つまり、決断のタイミングは私が選べるというものでした。そして、それを発表するということも、クラブと私の共通認識でした。私は、現在の状況を受け入れなければいけないと思っています。もはやチームの主役として出場できる機会は少なくなり、それは、ほかの選手に席を譲るときが来たということです。しかしながら、私はまだプレーできると思っていますし、まだプレーを続けていきたいという意志があります。アトレティコでは無理でも、どこかでプレーを続けていきたいということが、退団を決意したひとつの大きな理由になっています」

さらに僕は話を続けた。

「私にとって、再びアトレティコにお別れを告げるのはとても辛いことです。その決断を下すことは、けっして簡単ではありませんでした。できれば、ここで引退をしたいと望んでいました。でも、物事は常に思い通りに進むとは限りません。私はさらにプレーを続けていきたいのです。したがって、どこか別のクラブを探すことになります」

重要だったのは、いかにいい形でアトレティコを出ていくかということだった。その意味からも、僕は自分の気持ちを正直に話すことが大切だと考えた。

その発表をすると、すぐに多くの国からオファーが届いた。ヨーロッパのクラブだけでなく、アメリカ、アジア、オーストラリアのクラブからもあった。でも、そのオファーの詳細は、シーズンが終わるまでは聞かないようにしていた。なぜなら、アトレティコにいる間は、アトレティコでのプレーに集中したかったからだ。

幸いにも2017-18年シーズン、アトレティコは、ヨーロッパ・リーグ優勝も果たし、有終の美を飾ることができた。

D.Nakashima/AFLO

2018年5月16日、UEFAヨーロッパリーグ2017−18決勝。アトレティコ・マドリードが、オリンピック・マルセイユを3対0で下し、6年ぶり3度目の優勝を遂げた

シーズン終了後、代理人から届いているオファーについて話を聞くことにした。たくさんのオファーを前にした僕は、休暇を利用して、その間にじっくりと考えることにした。

バカンスを過ごすなかで、立ち消えてしまったオファーもあった。しかし、いくつかのクラブは交渉を続けたいという意思をはっきり伝えてきた。そのひとつが、日本からのオファーだった。

そう、それがサガン鳥栖《とす》だった。鳥栖は、最初に届いたオファーのなかのひとつでもあった。

クラブの竹原稔社長は熱心に交渉を続けてくれた。僕を説得するために、契約の諸条件だけではなく、鳥栖という町についての情報や、移住したら子どもたちが通うことになる学校についての情報までも届けてくれた。

どのような日常生活が送れるのかまでも、事細かに知らせてくれたのだ。それらは僕にとって、とても重要なことだった。

竹原社長を知ったのは、2015年8月のプレシーズンに、アトレティコがサガン鳥栖と試合をするために、鳥栖を訪れたときだった。

そのあとも、彼はヨーロッパを訪れる機会があるたびに、アトレティコの試合を見に来ていたそうだ。そのうち何度かは、私自身も彼の姿をスタジアムで見かけたことがあった。

でも、個人的に会ったのは、サガン鳥栖への入団の可能性を話し合うことになってからだ。

初めて会ったときの印象は、とても謙虚な人だな、というものだった。彼はどのようないきさつでサガン鳥栖の社長になったのかも話してくれた。

とても感じのいい人であり、そして誠実な人だと率直に思った。僕はいつも、自分の直感を信じているが、彼の言葉は信頼できると感じた。

それから移籍への話し合いが始まったのだ。

僕にとって大切なことは、子どもたちがヨーロッパとは異なった環境のなかで、のびのびと生活していけるかどうかということだった。

そのためには、日々の生活において、人々にとって「フットボールが一番重要だ！」という国は、選択肢には入れたくなかった。

実際にスペインやイングランドでの生活では、のびのびと生活することなど不可能だった。電車や地下鉄、あるいはバスに乗ることすら難しかった。

だから、ごく普通の生活を送れる国が望ましかった。ショッピングモールで気軽に買い物できるような環境。電車や飛行機、あるいは自家用車で旅を楽しめること。そして、どこを回っても、静かに観光ができて、僕たちを放っておいてくれるような国がよかった。


僕と妻は、家族の時間こそがもっとも大切なものだと考えている。

それが日本だったらできると思い、日本を選んだ。僕たちが希望している、そのような生活環境であれば、住むのはどのような場所でも、どのような生活スタイルでも適応できる自信はあった。

もっとも重要なことは、いい学校が近くにあり、家族が一緒にいられて、多くの時間をともに過ごせることなのだ。

決断する際には、妻ともよく話し合った。これまでもオファーが届いたときには、いつも妻とよく話し合って、そして二人で決めてきた。

日本に行くことで、これまでとは別の経験ができる。異なる文化を持つ日本から、学ぶことは多いのではないか。そして、それは子どもたちにとっても大いなる財産になるに違いない。教科書やインターネットの世界だけではなく、実際に異なる文化を体験することは、これからの子どもたちの人生を、豊かにすることにつながると考えているから、どれもが重要なことだと思ったのだ。

移籍 Traslado

日本行きは僕にとって、新たなるひとつの挑戦だった。

なぜなら、Jリーグはヨーロッパのリーグとはスケジュールも含めて異なっているな、とは思っていたけれど、実際のところ、ほとんど何も知らないリーグだったからだ。

選手たちについても、チームについてもほとんど知らなかった。日本という国の文化についても、何もかもが未知の世界だった。

普通に考えれば、ヨーロッパでプレーを続けることのほうがスムーズだったと思う。あるいは、アメリカに行ったほうが楽だったかもしれない。

イングランドのプレミアリーグで10年近くプレーしてきたから、英語圏であるアメリカのクラブを選んだほうが、生活面も含めて、より簡単な選択だったはずだ。

しかし、僕にとって日本へ行くことは挑戦であり、何か異なるものを求めることであり、それはコントロールできないものかもしれないけれど、日本ですることはすべて新しいものになると確信していた。

僕が誰だろうと、また、これまでの僕の実績なんか、まったく関係ない。ゼロからのスタートになる。きっと不利な点もあるだろう、でも、それでも一からしっかり学んでいくことは価値があると思ったのだ。


まったく新しい言葉となる日本語も、そのひとつだ。文字の書き方もわからない。車に乗っても、標識を読むことすらできない。買い物に行っても、中に何が入っているのかもわからない。だから、僕にとっては挑戦なのだ。

正直、難しくて大変だと思う。

しかし、そこからは多くのことを学べるはずだ。学ぶためには忍耐も必要だ。そうでなければ何事も成し遂げることはできないから。

こういった問題を抱えるとうんざりしてしまう人もいるだろう。適応できず、あるいは嫌いだからといって、避けてしまう人もいるだろう。

でも、僕はこういう挑戦が好きだ。目の前の障害を乗り越えていきたい。問題を抱えても、逆境に遭遇しても、それを乗り越えていきたい。

読むことや書くことは難しいかもしれないけれど、少し話すことならできるはずだ。誰の力も借りずに、どこか目的地へ行くことだってできるようになるかもしれない。


2015年夏、プレシーズンの合宿中に計画されたアジア・ツアーで、僕はアトレティコの一員として佐賀を訪れて、8月1日にサガン鳥栖と試合をしている。

まさかそのときは、いずれこのクラブで僕がプレーすることになるなんて、夢にも思っていなかった。

でもそのとき、僕が感じたことは、おそらくチームメイトも同じように感じていたにちがいないけれど、それはスタジアムの素晴らしい雰囲気だった。

ヨーロッパでプレーする選手たちにとっては、アジアのフットボールについて知らないことは多い。日本や中国、タイなど、僕らはまったく情報を持っていなかった。そんな僕らが驚いたのは、人々がフットボールに対して大きなパッションを感じていることだった。

スタジアムは満員、スタンドには旗がたなびき、サポーターは試合中ずっとチャント（応援歌）を歌っている。日本でそのような雰囲気を味わうなんて、想像もしていなかった。そのような光景は見たことがなかったからだ。

僕にとってそれは大きな驚きでもあった。しかも、スペインに戻った僕が、その数年後に同じ場所へ帰ってくるなんて……。人生とはわからないものだ。

サガン鳥栖からオファーを受けたとき、鳥栖はJリーグで最下位か、下から2番目の順位だった。僕が重要視したのは、現在の順位よりも、クラブがどこを目指しているのかということだった。将来何をしたいのか。つまり、いいチームとなるための、将来へのプランこそが重要だと思っていた。

そのうえで、僕がそのプランを達成するために重要な人物となり得るのか。あるいは重要な役割を担うことができるのか、それこそが大切なことだった。

交渉を進めるなかで、社長にそのことを尋ねて、将来に対するプランを説明してもらった。社長はクラブが掲げる将来へのプランにおいて、僕が重要な役割を果たすことができる、と明言してくれた。その言葉は僕にとって、とてもうれしいことだった。

僕も社長の考えには同感だった。たしかに現時点においては、小さな、予算も少ないクラブであるかもしれない。

しかし、強くなることは十分に可能であり、Jリーグにおいて、鳥栖よりも大きな予算を持っているクラブと、いい戦いをしていくことは可能だと思った。

それはある意味で、僕がアトレティコでプレーしてきた環境と似ているものだった。

アトレティコは、常に予算的に恵まれたレアル・マドリードやFCバルセロナといったビッグクラブを前にしても、恐れることなく、堂々と戦ってきたからだ。僕はそういうクラブが好きなのだ。

佐賀 Saga

フランクフルトからの飛行機のなかで日付が変わり、2018年7月15日、僕は日本に着いた。

まず東京に来て驚いたのは、あまりの暑さだった。マドリードの夏も暑く、45度に達する日もある。だが、暑さの種類が違う。マドリードの夏は乾燥しているけれど、日本の暑さはとにかく湿気が多い。

それにしても、日本がこれほどまでに暑いというのは、想像もしていなかったことだった。

もうひとつ驚いたのは、東京という街の大きさだった。以前、クラブワールドカップで来たときは、空港から試合会場のある横浜に直接向かったので、東京の街を見るのは初めてのことだった。

まさにその大きさは衝撃的だった。このとき僕は、少し落ち着いたら東京の街をあらためて訪れたいと思った。

でも、この街を知るためには、何度も足を運ばなければだめだろうとも思ったのだ。

日本に来て最初の入団会見は、東京で行なった。会場にはたくさんの記者が集まっていた。僕は紹介されてステージに上がった。

たくさんの人を前にして話をすることは初めてではないし、むしろ慣れていることだった。ただ、通訳が入るというのは、僕にとって新しい経験だった。僕に対して質問がされる。そのこと自体は同じなのだけれど、答える前に通訳されるのを待たなければならなかった。答えも質問も通訳されるので、考える時間もあった。

「みなさんこんにちは。こんにちはサガンティーノのみなさん」

でも、僕は挨拶の冒頭で日本語を使った。それは僕の持っている日本に対するリスペクトを示したいと思ったからだった。

日本に来ると決めたのは、文化や言葉を含めてたくさんのことをここで学びたいと思っていたからであり、その気持ちをみんなに伝えたかったからだ。

少しずつ日本語を勉強して、記者会見でも少しは日本語でしゃべれるようになりたいと思っている。

もちろん、それまでには時間もかかるだろうけど、やりたいと思っている。ただ、時間を過ごして、日本から出たら忘れてしまうなんていうのはいやだ。しっかりと身につけたいと思っている。

入団会見では、試合後の記者会見ではないので、テクニカルな質問はもちろんされなかった。されたのは僕がなぜ日本を選んだのか、Jリーグについて僕が何を知っているのかといった質問だった。そのとき気がついたのは、質問される内容が、これまでされてきたものとは異なっているということだった。

スペイン人の記者は通常、テクニカル的なことを聞いてくることが多い。とくに試合やプレーについてのテクニカルな質問が多い。そして、彼らはその質問に対する答えによって、翌日の新聞の見出しを見つけ出そうとする。彼らは僕の言ったこととは正反対な、あるいは論争を引き起こすようなセンセーショナルなものにしてしまうのだ。

2018年7月10日にサガン鳥栖への移籍を発表し、7月15日に東京で入団記者会見を行なった。
写真左は、サガン鳥栖の運営会社サガン・ドリームスの竹原稔社長

しかし、日本人の記者にはそのような意地悪な意図はない。質問されたのは文化のことや、国のこと、僕がどのように適応してきているか、そういった質問をされることが多い。

僕には、日本人の関心はもっと広いものだと感じられた。僕が新しい国で快適に過ごしているのかどうか、気を配ってくれている。新しい国に来て、僕がどのように感じているのかをとても気にしてくれている。そのような質問は、僕をとてもリラックスさせてくれるのだった。

日本の記者たちは、誰もみな「チームは今とても悪い順位にいますが、もし残留できなかったらどうするのですか?」といったようなダイレクトな質問はしなかった。これがヨーロッパだったら、記者は絶対このような質問をして、その答えのなかから問題が起きそうなことを探そうとするものだ。しかし、日本ではそのような質問はされない。とても友好的だったし、いずれにせよ、入団発表はとてもリラックスした気持ちで終えることができた。

その翌日、再び飛行機に乗り、いよいよ僕は佐賀へと向かった。

佐賀空港に着いて驚いたのは、たくさんのファンがユニフォーム姿で僕を待っていてくれたことだった。

ファンのなかには、僕に何か語りかけてくれた人もいた。そして僕のために、みんなで歌ってくれた。みんな僕が来たことをとても喜んでくれていた。それはプロスポーツ選手にとって、とても大切なことであり、僕はとても感動したのだ。そしてまた、ファンのみんなが感動し、夢を持っていること、なんとかＪ１に残留したいという熱い願いも伝わってきた。

これから仕事を始める僕にとって、それは大きなモチベーションになった。

これまでも、クラブのために、ファンのために戦うことは、常に僕にとってとても重要なことだった。僕がいい働きをすることによって、多くの人に幸せを与えられること。それこそが大きなやりがいとなってきた。

僕が加わったことを、多くの人が本当に喜んでくれていることを、そのとき強く実感したのだった。

それにしても、佐賀があまりにも東京と異なることには、あらためてびっくりした。一度は来てはいたのだけれど、どのようなところであったかは忘れていた。しかも、東京よりも格段に暑かった！　日本に来るまで、このような気候を想像していなかったのだ。

佐賀で入団発表会を行なったときも、また、初練習に出たときも暑くて、唸《うな》り声を上げてしまいそうだった。これほど暑い季節にJリーグをやっているということもまた驚きだった。こんなに暑いのなら、普通なら休止期間となっていいはずだ。

そして、また冬になって驚くことになるのだけれど、日本の冬もとても寒い。でも、マドリードはもっと寒いし、イングランドも日本よりも寒いのだから、究極的には暑いことも寒いことも問題はない。

日本の気候が、四季によってこれほど極端に異なることを知れたのも、日本に住んでみたからだと思っている。

合流 Integración

チームメイトと会う前は、正直、すぐに打ち解けることはちょっと難しいかなと思っていた。なぜなら、僕が日本語を話せないから、みんなとコミュニケーションをとることができないと思ったからだ。

しかし、彼らはみんな紳士的で、チームの雰囲気はとてもいいものだった。選手たちの間の関係も良好で、彼らが何とか僕を助けようとしてくれているのを感じることができた。

あらかじめ僕は、チームメイトの名前を覚えるために、名前と顔写真を用意して持っていた。でも、たくさんいるので、全員までは覚えられずにいたのだ。すると、初対面のときに、トヨ（豊田陽平選手）が僕に、それぞれの選手がどのように呼ばれたいのか、その名前やニックネームが書かれた紙に、顔写真を貼り付けてある紙の束を手渡してくれた。また、何人かの選手は、僕に試してほしいといって、日本独特の食べ物を持ってきてくれた。

僕はみんなの前で挨拶をした。もちろん通訳を介してだったが、みんなに説明してもらった。

「ここに来られて、とてもうれしいです。チームの力になろうと思って来ました。そして、私自身もみんなの助けを必要とすることがあるでしょう。逆に、どんなことでも私が必要とされるのであれば、それに応えたいと思っています。私たちにはひとつの目的があります。それはチームが一部残留を果たすことです。それが、すべてです」

とにかく、とてもいい雰囲気だった。これなら僕は早くチームに溶け込めると感じることができたし、実際にみんないろいろと気を遣ってくれていた。それは僕にとってとてもポジティブなことだった。

ヨーロッパでは、新しいチームに加わったときにこのようなことは起こらない。新しいチームに溶け込んでいくのは、いつも簡単ではないのだ。

少しずつではあるが、最初はピッチ上で必要となる日本語の単語を覚えていくことにした。それはチームメイトとコミュニケーションを図るために必要なことだと思ったからだ。

最初に覚えた言葉は「右、左、前、後ろ、フリー」というものだった。それからチームメイトがよく使う言葉を耳で聞いて覚えたのが、「ゆっくり、はやく」というものだった。

これらは、試合中絶えず使う言葉でもある。とくに僕がフォワードとしてプレーするのに必要な言葉だった。

いつも僕は、ヒデト（高橋秀人選手）、アキト（福田晃斗選手）、キョウスケ（田川亨介選手　2019年からFC東京）の声に耳を傾けた。彼らは僕の後ろにいて、相手に対して前線からプレスをかけていくときに、「ちょっと右、ちょっと左、前、後ろ」といったたぐいの言葉で僕に声をかけてくれる。

新しいチームメイトについて、僕はとても満足だった。フットボールにおいて、チームがいつもいい雰囲気であるとは限らない。でも、サガン鳥栖のチームにはとてもいい雰囲気が存在していた。みんながお互いにうまくやっていた。みんなが好んで一緒に時を過ごそうとしていたし、新たに加わった、日本語を話せない外国人選手を助けようとしていた。そして、僕がやりやすいように努めてくれたのだった。

なかにはスペイン語を少し話す選手もいた。加藤恒平選手は、数カ月間、アルゼンチンにいたそうだ。また、英語を話す選手も何人かいた。権田修一選手（2019年よりポルトガルのポルティモネンセSC）がそうだったし、ほかにも4、5人の選手は英語を少し話すことができた。

今まで経験してきたこととは違うことも多く、それがまた、新鮮だった。ヨーロッパと異なるのは、たとえば、日本では家に入るときに靴を脱ぐ。そしてスリッパを履く。シャワーを浴びるときにはスリッパは脱いで、外に置いて裸足で入る。こういったことすべてが、僕には初めてのことだった。

なので、僕は練習場になるべく早く行くようにして、チームメイトがどんなふうにするかを観察することにした。すると、驚かされることばかりだった。

たとえば、練習を行なうピッチ上には全員に水が用意されている。でも、ロッカールームのなかには水は用意されておらず、選手はそれぞれ自分で家から水を持ってきていた。そのようなことを僕は最初知らなかった。ヨーロッパでは全員に水は用意されていたからだ。

知らなかったので、ロッカールームに置いてある大きなボトルを見つけて手に取った。なぜなら、それはロッカールーム用に置かれたものだと思ったからだ。僕は知らないで、そのまま飲み続けていた。1週間が経ったとき、ゴンダ（権田修一選手）が僕にこう言った。

「その水を飲んでもまったく問題ないよ。でも、みんなそれぞれ家から自分の水を持ってきているんだ」

実はその水は、ゴンダが持ってきていた水だったのだ。それから僕は、家から自分の水を持ってくるようになった。

これは一例だが、すべてがそういった感じだった。僕がこれまでしてきたこととは違うことばかりだった。だが、そんなことも、新しい体験だと思って楽しんでいる。

インタビュー
Entrevista

竹原稔

（株式会社サガン・ドリームス 代表取締役社長）

トーレス選手を獲得したいと思ったのには、さまざまな理由がありました。彼は実績だけでなく、人間性が素晴らしいということも聞いていました。世界有数のストライカーを獲得することは、チームの強化のみならず、私たちのクラブが世界に向けてチャレンジしているということを示すうえで、とても大切なことでした。

私自身にとって、彼はワクワクするような存在であり、しかも、彼が日本でプレーすれば、日本中がワクワクすることになります。そのような存在は、やはり、彼をおいてほかにはいなかったのです。

２０１８年４月９日にアトレティコ・マドリードを退団すると発表され、私はそれを聞いてすぐに彼にアプローチしました。交渉が始まってからは、私は日本という国のよさを、ひたすら伝え続けました。そして、日本のフットボールをもっとよくするためには、あなたに来てほしいのだと訴えました。彼自身もサガン鳥栖を通じて、Jリーグを、さらに、日本フットボール界全体をよくしていくということに共感してくれたのです。

そして彼は、家族を第一に考える選手ですから、日本という国は子どもたちが育っていくうえでも、安心して生活ができ、多くのことを学べるとわかってくれたようです。

サガン鳥栖が掲げる将来へのビジョンについても語りました。私たちが育成型のチームを目指していること。クラブが世界への橋渡しとなるのを目指していること。子どもたちが鳥栖に来たら海外への夢が広がり、チャンスが広がる。そのような意味で、トーレスが加わってくれたら、子どもたちがこれまで体験できなかったことも体験できるようになる。そのためにも、ぜひ一緒にやってほしいと伝えました。

彼を獲得することは、私たちにとっても大きなチャレンジであったわけですが、彼の入団が決まったときは世界中を驚かせました。私たちが本当に世界を目指していることが少しでも伝わったことは、鳥栖の知名度を上げるうえでも大きく役立ったと思います。

育成強化を目指すために、２０１８年にはオランダの名門クラブ、アヤックス・アムステルダムとパートナーシップを結びました。そのＣＥＯであるファン・デル・サールからも、トーレス加入のお祝いのメッセージをもらいました。トーレスにはこれまで体験してきたことを、ぜひ鳥栖の子どもたちに教えていってもらいたいと望んでいます。彼が加わった1年目は残留争いのためとても苦しいシーズンとなり、そのような余裕はありませんでした。

しかし、さすがに世界で活躍した選手だけに、彼のフットボールに対するプロフェッショナルな姿勢は、すでに選手たちにも、また子どもたちにも伝わってきています。サガン鳥栖のフィロソフィーを、これから一緒につくっていってほしいと願っています。

Capítulo 2

Lucha por la permanencia

戸惑い

Confusión

2018年7月、僕がチームに加わったときの監督は、イタリア人のマッシモ・フィッカデンティであり、練習もイタリアン・スタイルだった。以前、僕はイタリアのACミランでプレーしたことがあったから、そのときやっていたトレーニングと少し似ているものだった。

そのあと、キム・ミョンヒ（金明輝）監督になると、その練習方法はとてもテクニカルなもので、ヨーロッパの何人かの監督の下でプレーしていたときにやっていたようなものだった。

初めて練習に参加したときに驚いたことがあった。練習が終わったあとも、多くの選手がそのまま残って、さらに、練習を続けることだ。

パス練習をしたり、あるいはキックの練習をしたり。走っている選手もいた。ヨーロッパでは、練習が終わったら、それで終わりだ。それぞれの練習量はしっかり計算されたものだから、それ以上のものは意味をなさないと考えられている。また、休息も練習の一部であり、とても大切なものなのだ。

だから、さらに練習を続けるのは、僕は正直いいことだと思わない。ただ単純に練習を増やすのはよくないことだからだ。驚くことに、選手によっては、さらに1時間練習を続ける許可を願い出て、トレーニングをしている選手もいた。

僕は練習が終わるととても疲れていて、それ以上やるなんていう気持ちは起こらない。ずいぶん違うなと僕は感じたけれど、おそらくほかのチームでもそのような感じなのだろう。練習が終わっても、彼らは残って、自分自身で自由に練習を続けているのだ。

さらに、違和感を覚えたものがあった。それは試合にあまり出ていない選手も、とても楽しそうに練習していることだった。機嫌よく、ポジティブに振舞っている。試合に出られなかった翌日の練習でも、とても機嫌よく、しっかりと練習しているのだ。周りの選手と一緒に笑いながら、その翌日も同じように練習し、また次の試合に出られなくても、また同じようにやっている。

その姿勢はとてもポジティブなものだ。しかしながら、スペインでは試合に出場できなかった選手は、怒りながら練習している。選手にはいろいろなタイプがいるけれど、常に何人かの選手は試合に出られないことを不満に思い、ときにはネガティブな態度を示す選手すらいる。それはスペインに限らず、イングランド、イタリアでも、ヨーロッパならば同じように見られる現象だった。

試合に出られないと不満を持つ選手が多いから、監督はそのような状況をうまくコントロールしなければならない。でも、日本では少し違っている。みんないい態度で、前向きに練習をしている。それはそれで、いいことなのだと僕は思うようにしている。

反対に、明らかによくないと感じることがある。それは、選手たちがプレッシャーというものをあまり感じていないように思うときだ。

もちろん、いつもプレッシャーを感じる必要はない。しかし、チームが下位に低迷しているのに、また、試合に負けたあともあまりプレッシャーを感じているようには見えないのは、少し違うのではないかと感じたのだ。

スペインでは試合に負けると、それからの1週間、選手はとても難しい時間を過ごすことになる。なぜなら、街に出れば試合に負けたということをいやでも思い出させられるからだ。記者からは質問攻めに合い、その負け試合について話さなければならない。街の人々もその試合についてあちこちで議論し、選手に対しても「何であんな試合をしたんだ！」と非難し、要求してくる場合もある。慰めの言葉なんてけっして投げかけることはないのだ。

だが日本では、降格圏に沈んでいても、試合に負けてもまるで問題がないような雰囲気がチームに充満していることに違和感を覚えた。サポーターも、選手たちが頑張っていることだしと、とくに不満を感じていないように映った。それに甘えているのか、チームが下位に沈んでいたにもかかわらず、そこから抜け出したいという強い気持ちを、仲間たちからあまり感じなかったのだ。

これは僕がこれまで経験してこなかった、明らかに異文化といえるものだった。しかし、僕はその異文化から何かを学ばなければいけないのではないかと自問した。冷静になり、次の試合のことを考える。そういうやり方のほうが、上手くやれるのだと考えてみることにした。少しずつではあったけれど、このようなやり方で、状況を受け入れようと努めることにした。
試合に負けても、別に問題はないのだと思うようにした。よくするためには何かをしなければいけないが、静かに過ごすことで乗り越えられるのかもしれない、と思うことにしたのだった。

このやり方が正しいのかもしれない。それでも僕は、ひとつ確信していることがある。日本でもっとフットボールが成長していったら、きっと、このようなやり方では、過ごせなくなるのではないかということだ。

たしかに、僕らラテン民族は感情を露わにするし、負けるのが大嫌いだ。僕らは小さい頃から負けてはだめだと教わってきた。フットボールは勝利しなければ価値がない、それ以外は何の価値もないと。

実際は負けから学ぶこともあるが、少なくとも僕らは、「フットボールは勝たなければだめで、負けるのは悪いことだ」と徹底的に頭に叩き込まれてきた。

小さいときから、「勝たなければいけない。試合は勝つためにやるんだ。勝つんだ、勝つんだ、勝つんだ！」と叩き込まれるから、自分でも気がつかないうちに、勝つことだけを意識するようになる。そして僕らは負けると、自然に怒りがこみ上げてくるようになるのだ。

子どもの頃、僕は試合に負けると2日間家に閉じこもったものだった。なぜなら外には出たくなかったからだ。部屋の中で、何度も、何度も怒りがこみ上げてくる。誰とも話したくない状況で、フラストレーションを溜め込んだ。

なぜ、失敗してしまったのか？　なぜ、うまくできなかったのか？　何度も、何度も自問した。ヨーロッパでは子どものときからそのように感じ、小さい頃から大きな重圧をかけられている。それがいいことなのか、悪いことなのかはわからない。でも、僕らはそのようにしつけられてきたのだ。

「もし負けたら、もうお前を誰もほしがらないだろう。もし負けたら、いいチームに行けなくなる。もし負けたら、君よりも優れている子が、君の場所を占有することになるだろう。だから、勝たなければいけない」

そのように言い聞かされて、頂点へと上り詰めて、選手へとなっていくのだ。プロでやっていくためには、競争を勝ち抜いていかなければならないから、そのような重圧はしょうがないことでもある。

重圧を感じるあまりに、過ちを犯してしまうこともある。頭のなかには勝つことだけしかないからだ。勝つためには、たとえそれが悪いことであっても、何でもしてしまうことになりがちだ。

実際、ヨーロッパでは、人間として当然と思われるようなことですら、簡単ではなくなってしまうことがある。

自分と同じポジションの選手が試合に出ているから、自分は試合に出られない。彼が何かの拍子に怪我でも負ってくれればプレーができなくなり、自分が出られるようになるかもしれない。そのような機会が訪れないかを心待ちにする。そういったことが起こっているのだ。

僕は常にそうならないようにと、気をつけてきた。チームメイトだけでなく、相手をリスペクトし、正しい振る舞いをしようと努めてきたのだ。

日本にそういった重圧が存在しないのは、フットボールがこの国のナンバーワン・スポーツではないからなのかもしれない。ナンバーワン・スポーツである野球の選手たちは、このたぐいのプレッシャーを日々感じているのかもしれない。しかし、フットボールにおいては、存在していないように感じる。それは選手たちにとってはいいことなのかもしれない。なぜなら、選手たちは寛容な雰囲気のなかで、落ち着いた気持ちで練習に取り組めるからだ。

とはいえ、そのような日本の選手たちの態度にはやはり、僕はどうしてもネガティブさを感じてしまう。選手たちはもっと怒りを表に出すべきではないのか。ロッカールームに入ったとき、感じていることを全部はき出すように叫んでもいいのではないか。ときにはそういったことをするのも、チームにとってはいいのではないか。

何かを感じたら言わなければいけないし、それぞれが感じていることを表現することは大切なことだと思う。

第2章
残留争い

降格危機

Crisis por la permanencia

2018年7月22日。対ベガルタ仙台戦の後半5分、サガン鳥栖のメンバーの一人として、僕は初めてJリーグのピッチに立った。とにかく、とても暑い日だったと記憶している。

その2カ月前、僕はバカンスをアメリカとスペインで過ごしていた。そのあとすぐに、日本に来ることになった。だから、竹原社長には、「練習はしてきたけれど、プレシーズンとしての、しっかりとした練習を積むことがまだ必要で、それはとても重要だ」と話をしていた。

しかしながら、社長からは、僕がこの日の試合に出るのが重要だと説明を受けていた。ホームでの試合であるし、サポーターへのお披露目の意味もあるから、というものだった。

僕はなんとかうまく説明しようと努力した。プレシーズンのトレーニングをしっかりとやっていなくても、最初は調子いいだろうし、とくに問題はない。だが、ある時期が来たら、プレーするのに必要な状態ではなくなってしまう。要するに、シーズンを最後までプレーできなくなってしまうのだ。

なぜならば、ベーシックとされる練習をある一定期間積まないと、一シーズンを通じてはフィジカルがもたないからだ。そのためにプレシーズンという期間がある。でも、クラブからはチームの状況はよくないし、僕がすぐにでもプレーする必要があると言われた。

スタジアムの雰囲気はとてもよかった。僕がウォーミングアップを始めると、それだけでサポーターはとても喜んでくれていた。交代してピッチに立ったとき、大きな拍手や声援を送ってくれた。

そして、僕がボールを持つたびに、大きな歓声がわき起こった。僕はとてもいい受け入れ方をしてくれたことへの感謝の気持ちでいっぱいになった。サポーターが後押ししてくれたことで、僕はさらにいいプレーをしようとしたし、大きな力を与えてもらった。

試合は終了間際に失点してしまい、0対1で負けてしまった。その失点シーンまでは、自分自身も楽しくプレーができ、美しいものであったけれど、一気に現実に引き戻されてしまった感じだった。チームが下位にいる現実を、あらためて突きつけられてしまった。

僕らはもっとがんばらなければいけないし、よくしていかなければいけなかった。そして、そのアクションは、できるだけ早く始めなければならなかった。なぜならば、すでに残された時間は少なかったからだ。シーズンはもう半分しか残されておらず、勝ち点を取らなければいけなかったのだ。

ところが、チームには険悪なムードは漂っていなかった。順位は下から2番目でありながら、しかもその日、試合に負けたのに。それでもみんなは落ち着いており、静かであり、まったく普通の状態だった。そのことに驚いた。

僕はカンカンに怒っているのに、誰も怒っていない。少なくとも僕の目にはそのように見えた。間違いなく、みんな心のなかでは怒っているはずだと僕は思おうとした。それでも、あまりにもみんなが冷静でいるので、誰だったかは覚えていないけれど、思わず「これが普通なのか？」と尋ねたのだ。そうする

AFLO SPORTS

2018年7月22日、記念すべきJリーグデビューとなった対ベガルタ仙台戦。トーレス選手を一目見ようと、多くの鳥栖サポーターが集まった

と、「そうだ」という答えが返ってきた。チームはいつもこのような状態だというのだ。

繰り返しになるが、この点は改めていかなければいけないのではないか？ 試合に負けたときは怒りがこみ上げ、はらわたが煮えくり返る。「オレたちは負けたんだぞ！」って叫ばなければいけないのではないのか？ 負けたときと勝ったときが同じではいけない！ 同じような気持ちでいたらいけないんだ。

試合結果は、内容からすればふさわしいものではなかった。チームはとてもよく戦った。たくさんの得点チャンスをつくっていたのに、残り時間が少なくなったときに、相手チームのカウンターによって失点してしまったのだ。

マドリードを出発する以前にも、日本ではどのように試合が行われるのかをインターネットの動画をチェックしていた。そのときに気がついたのは、よく試合終盤になると、フットボールがむちゃくちゃになることだった。

チームとしてのスタイルは崩れ、攻撃をひたすら繰り返す。ノーガードの打ち合いをするわけだ。それは、ヨーロッパでのゲーム展開とはとても異なっている。

ヨーロッパでは試合が終盤にきて0対0であったなら、通常はチームがしっかりとまとまり、落ち着いて、チャンスが来るのを待つ。けっして得点するために、ノーガードの打ち合いをしてむちゃくちゃになるようなことはない。なぜなら、チームマネージメントとして、勝ち点1は獲得できるのであり、勝ち点0よりはよいと考えるからだ。

日本ではノーガードの打ち合いがされることは知っていたのだけれど、マドリードを出て日本に来る間に、そのようなことはすっかり忘れてしまっていた。試合終盤になると攻撃が繰り返されて、試合終了間際にたくさんのゴールが決まることを。

その日、そのことをまさに目の前で証明されたような気がした。

これは日本のフットボールがどうのということではない。ほかのチームでも経験している。僕が加わったときチームが抱えていた問題は、攻撃面でいえば、チャンスをほとんどつくり出せないところにある、と感じたことだった。

失点は2番目か3番目に少ないチームだった。それなのに順位があまりにも下なのは不思議だった。通常、下位にあるチームは失点が多いものだ。しかし、僕らの失点は少なかった。ただし、得点も少なかったのだ。

このことから、簡単に分析ができる。つまり守備的にはとてもいいチームだけれど、得点チャンスを少ししかつくることができないチームであったのだ。それが、僕が加わったときのチーム状況だった。


サガン鳥栖に移籍する可能性が生じた頃だった。

まだ2018年シーズンが始まってからそれほど経っていない時期だったけれど、それまでのサガン鳥栖の試合の動画をすべて見て、またそれ以外のチームの試合の動画もいくつか見た。

そこから僕が感じたのは、Jリーグは、チーム間の実力にそれほど差がないリーグであるというものだった。川崎と浦和の2チームを除けば、レベルの点ではほとんど変わらないと感じていた。実力は均衡している、というのが僕の率直な感想だった。

差はないのだから、僕は自分のチームを信じた。僕らは必ずやり遂げられるだろうと信じたのだ。僕が日本を選び、サガン鳥栖に加わろうと決心したのも、チームは必ず残留できると思ったからだった。もしも動画を確認して、残留が不可能であると感じていたら、僕は来なかっただろう。

チームに加わったとき、名古屋は最下位だった。そのあと彼らは8連勝した。そして順位を上げた。しかし、そのあと7連敗をして、僕らよりも下位となった。それだけチーム間の力は均衡しているということだ。だからこそ、詳細にこだわることがとても大切なのだ。

サガン鳥栖の試合の動画をすべて見るなかで、ひとつどうしても理解しづらいことがあった。

それは4月の初めから5月上旬の状況だった。カップ戦の1引き分けを挟んで8連敗をしていた。たくさんの勝ち点を失っているということだ。その頃、何かが起こっていたはずだし、それでなければ、8連敗なんてするはずがない。僕にはどうしても理解できなかった。

わずか1カ月間に、勝ち点を24ポイントも失うなど、けっして許されないことだろう。このようなことが起きたら、チームのメンバー全員が苦しむはずだ。メンバー全員がこの瞬間に立ち会っているのなら、全員がそこから学ばなければいけない。

困難なときを迎えているのだから、みんなでよく話し合わなければいけない。叫んでもいい。思っていることをはっきりとみんなに伝えることが必要不可欠なのだ。そして、一人ひとりが思っていることをはき出す。それを恐れちゃいけない。

その連敗中に一つだけでも勝って勝ち点3を取っていたら、状況は大きく変わっていたはずだ。なぜなら、チーム間の実力はとても均衡していたのだから。

第2章

残留争い

残留 La permanencia

2018年11月24日、第33節の対横浜F・マリノス戦。この試合は、残留を決めるための鍵となる、非常に重要な試合だと考えていた。

もしも負けてしまったら、おしまいだとも思っていた。しかし、勝てば生き残れる。そしてほかのチームの勝敗によっては、その日に残留を決められるかもしれない。

僕はこれまでの経験から、絶対に勝たなければいけないと思っていた。残されている試合はこの試合を含めて2試合のみ。最終節の鹿島アントラーズ戦で残留を争うことは、理想とは言えなかった。そう覚悟を決めていた。

試合の入りは悪くなかった。ゲームを相手よりも優勢に進め、チャンスも相手よりも多くつくり出していた。しかしながら、先取点を決めたのは相手だった。それはとても厳しいものだった。なぜなら、シーズン中に先取点を決められてから逆転して勝ったのは、僕が加わる以前に一度だけ、そして僕が加わってからは一度もなかったからだ。

先制したら、堅守で逃げ切るというのが、僕らの勝ちパターンだった。しかし、このときの状況は反対だった。前半が終了して0対1。ハーフタイムを迎えて僕らはとても苦しい難しい立場に置かれた。残りは45分間。僕らは得点を決めて、そして勝利しなければならなかった。

後半も、僕らはいい試合の入り方をしていた。横浜F・マリノスは、日本のほかの多くのチームもそうであるように、リードしていてもその結果を維持しようとはせずに、攻撃を続けてきた。それは間違いだった。僕らはそのミスを利用することができた。

次第に何度も相手ゴールへ迫るようになった。そして、左からのサイドチェンジを受けた右サイドハーフのアキト（福田晃斗選手）がセンタリングを上げると、そのボールがマリノスのディフェンダーの手に当たってペナルティキックを得た。ボールをセットしたのは、その試合、途中出場で闘志にあふれていたムウ（金崎夢生選手）。豪快に左隅上に決めた。71分、まずは同点に追いついた瞬間だった。

そして、試合終了まで残り10分近くとなったとき、ついにその瞬間は訪れた。相手がカウンターに出ようとしたときだった。僕らは攻めていたけれど、相手陣内でボールを失った。そこでマリノスは一気にカウンターを狙《ねら》ってきたが、味方ディフェンダーが相手の前線へのパスをうまくカットした。そのボールは運よくムウ（金崎夢生選手）の前に跳ね返り、ムウが相手と競り合いながら足先を目いっぱい伸ばしたおかげで、ボールは僕のほうへ転がってきたのだ。

その瞬間、僕は相手ディエンダーが目の前にいないことを確認した。次にボールを持ったとき、相手ディフェンダーが僕の前に現われ、シュートコースを消そうとした。そこで僕は、少しボールを横に出してディフェンダーを外した。そして、間髪入れずシュートを放ったのだ。

シュートを放つ瞬間、ゴールキーパーは彼の左側を固めていることがわかった。だから、僕は右側を狙ったのだ。そして、それがうまく決まった。これは10分の1秒ほどの判断で決めたゴールだった。

Masahiro Ura

MUGEN
ESTATE

僕自身、このゴールをけっして忘れることはないだろう。

これまでにも僕は、自分のフットボール選手としてのキャリアのうえでも重要なゴールをいくつか決めてきたけれど、このゴールもまさにそのひとつとなるものだった。

あとは下がって守り、耐え切れば試合が終わることはわかっていた。全員が一丸となってゴールを守り抜いた。

そして、試合終了のホイッスルが鳴った。その直後に感じたのは、幸福感ではなく安堵感だった。この試合が大変な試合になるとわかっていただけに、その重圧、プレッシャーから解かれたと感じた。「僕らはやり遂げた！」という気持ちから来る安堵感だった。

試合終了後、ほかの試合会場の結果も入ってきた。そして、まだ僕らの残留は決まらず、次のリーグ最終戦で勝ち点1が必要であることがわかった。それは、もう1週間、苦しみは続くのだということを意味していた。けれど、この試合を振り返ると、じわじわと幸福感に包まれた。

なぜならば、「これぞフットボール！」と感じることができたからだ。

どうしても勝たなければいけない試合。そのプレッシャーと不安。失点時の失望感。もうだめなのではないかという絶望感。しかし、戦い続け、自分を信じる。チームを信じる。信じて、信じて最後まで戦う。がんばって、がんばって、なんとか同点に追いつく。

さらに、自らが決勝ゴールを決める。そして、チーム一丸となって守り抜いて勝利を得る。試合終了直後に押し寄せる安堵感。そして、次第にわき起こる幸福感。サポーターたちは歓びのあまり泣いている。

これこそがフットボールだ。

これこそがパッションであり、ひとつの試合でありながら、それぞれ異なった感情が次々にわき起こる。こういったものを、僕ら選手は、すべての試合においてやり遂げなければいけない。これがパッションなのだ。

Masahiro Ura

この日、僕はピッチ上に、そして、選手たちのなかに、サポーターのなかにパッションを感じた。日々、こういったことを成し遂げていくことが大事だと思う。なぜならば、それこそがフットボールであるからだ。そのためにはフットボールをプレーし、感動を見ているものに与えなければいけない。

この日一日、さまざまな感情がスタジアムには渦巻いていた。重圧、怒り、悲しみ、歓喜、安堵、平穏、幸福……。それが、90分間続いたのだ。

最後まで残留できると僕は信じていたけれど、それでも最後まで苦しんだ。なかなか結果として表れなかった時期もあった。計算を立てても、なかなか勝ち点が増えていかない。残留争いをしているほかのチームの対戦相手を考えると、残留を果たすことは難しいのではないか、とさえ思ったこともあった。節ごとに状況は変わっていたのだから。

でも、日本にやってきて、6カ月間を過ごしただけで、荷物をまとめてスペイン、あるいはほかの国に向けて旅立つなんて気持ちはさらさらなかった。チーム、そして、自分自身を信じたからこそ、日本行きを決心したのだから。

残り5試合となったとき、多くの人が残留するのは不可能だと考えた。でも、僕らは結果的に3勝2分けで残留を果たした。最終的に、僕らは残留を成しとげることができた。僕自身、そのことをとても誇りに感じている。

スペインでは「希望は最後まで失わないもの」という言葉をよく使う。それはひとつの格言でもあるのだけれど、もしも自分自身を信頼することをやめてしまったら、あるいは何かを信じることをやめてしまったら、それは成しとげられないだろう。

何事も信じなければやりとげることはできない。だから、まずは信じなければいけないのだ。

日本という国、日本語という言語、日本人という国民、日本の文化、Jリーグ……。そのすべてが僕にとって新しい経験だった。そして、残留争いをするという状況も、それまで経験したことがない、まったくの新しい経験だった。

だからこそ、僕がサガン鳥栖に加わったとき、「私自身もみんなの助けを必要とすることがあるでしょう」と話したのだ。

けれど、僕のなかでの姿勢はぶれなかった。たしかに、これまではスペインでも、イングランドでも、イタリアでも、チャンピオンズ・リーグでも優勝争いをしてきた。だから、ある欧州の記者からは「シーズン途中に極東のリーグの、しかも降格危機に瀕《ひん》している小さなクラブに来て、モチベーションの低下や葛藤はないのか？」と聞かれたこともあった。僕はこう答えた。

「私はプレースタイル同様、常にゴールを目指して挑戦し続けている。たしかに、欧州にいたときは、優勝争いがゴールだった。だが、いまはJ1に残留することがゴールだと認識している。だから、全力でゴールを目指すということにおいて、まったく気持ちや姿勢に変わりはない」

それが偽りのない僕の本心だった。

この期間だけでも、僕は日本のフットボールからたくさんのことを学ぶことができた。どのように試合を迎えるのか。どのように試合に立ち向かわなければいけないのか。勝利するためにはどのような戦い方があるのか。この数カ月間で僕が学んだことはとても多かった。

最終的に、サガン鳥栖は一部残留を果たすことができた。そして、それは竹原社長とした約束を果たすことにもなった。サガン鳥栖は、次のシーズンもJ1で戦えるのだ。

それは同時に、将来に向けてクラブを建設し続けることも可能となったことを意味する。

あのマリノス戦での得点で、僕がここへ来てチームに貢献するという目的を果たせた、という気持ちにもなることができた。

だから、あのゴールは決して忘れることはないだろう。僕のもっとも大切な得点のひとつになったことに間違いはない。

第2章

残留争い

インタビュー
Entrevista

豊田陽平（サガン鳥栖 選手）

フェルナンドに最初に会ったとき、チームメイトの顔写真を自宅でプリントアウトして、彼に呼んでもらいたい名前をそれぞれの選手に書いてもらったメンバー・リストを渡しました。自分が韓国のチームに移籍したとき、みんな同じ顔に見えて、そういうものがほしかったからです。そしてそれは、フェルナンドに一刻も早くチームに溶け込んでもらい、彼が培《つちか》ってきたものを還元してほしいと願ったからです。

フェルナンドを初めて実際にこの目で見たのは、2015年にアトレティコの一員として佐賀に来たときでした。練習を間近で見られるチャンスだと思って一人で観にいきました。実際、やったことのないトレーニングばかりでとても興味深かったことを覚えています。そして、変な言い方かも知れませんが、練習では意外とシュートを外していて、それも新しい発見でした。練習でもすべて完璧に決めていたら参考になりませんが、感覚を確かめることを優先しながらシュートを放ち、そして試合本番になると少ないチャンスをものにする。それでいいんだと、腑《ふ》に落ちました。でも、そのときに観ていたフェルナンドが、まさか鳥栖に来るなんて、話を聞いたときは信じられませんでしたね。

サガン鳥栖に彼が加わった直後、互いにメンバー登録手続きの都合上、出場できない期間、鳥栖に残って1～2週間ほど一緒に練習をしていました。なんとか拙《つたな》い英語で話しかけましたが、彼は意外とシャイだなと感じました。たとえば、ジョークを言ってきたのでジョークで返したら、反応が薄くて、「そこで終わりなんかい！」と突っ込みを入れたくなる感じです（笑）。

外国人選手に抱いていたイメージと違って、彼はピッチ上でも「オレが、オレが」と我を通すタイプではありません。彼からは、チームを第一に考えていることがよく伝わってきます。彼は本来、スピードを生かしてディフェンダーの裏をとるフォワードというイメージがありましたが、今は、チーム事情に合わせて、体を張ってポストプレーをしたり、ヘディングでボールを落としたりするようなことも、チームのためにやっています。

世界的に有名な選手としてJリーグにやってきたわけですから、何としても結果を残したいと思っているはずです。また、チームコンセプトに対しても、チームとしてこうやるべきだとかいろいろと考えがあって、戸惑いや葛藤もあったかと思いますが、それでも彼はチームのために懸命にプレーしています。

練習前の準備も、怪我をしないために、ものすごく時間をかけてやっているし、また、勝負のかかった重要な局面では、しっかりとゴールを決めるところは、さすがの一言です。

トーレスは、クラブをビッグにしたいと話しています。ただし、その過程で鳥栖がどうやってここまで来たのか、ということも忘れてはいけません。世界を知るトーレスの経験と、鳥栖を知る自分の経験とがうまく融合できた先に、サガン鳥栖はより前に進めると考えます。いい集団になれば、必ず結果はついてくるはずです。みんなで高め合い、タイトルを獲得したいと思っています。

Capítulo 3

Su verdadero yo

日常生活

Vida cotidiana

日本に来てからの日常生活は、マドリードで生活していたときと、それほど大きな変わりはない。

朝早く起きて、子どもたちに服を着せたりするなど、学校の準備を手伝う。朝食は家族全員でテーブルを囲んでとる。子どもたちを学校に送り届けて、そのあとで練習場へ向かう。昼食に戻ってきて、それから今度は子どもたちを迎えにいく。

日によっては、それぞれの習い事に連れていくこともある。夕食も一家そろって家でとる。そして、就寝する。一日はだいたいこんな感じかな。

時間のあるときには、スペインではなかなかできなかったことを、日本ではすることができる。それは近くの公園に行って遊ぶことだ。

子どもと一緒に、スケートボードか自転車で近くの公園に行く。そのあと、カフェかバルでアイスクリームを食べたりする。そういった誰もがするようなことを、日本では楽しむことができている。

子どもたちも日本の生活を楽しんでいるようだ。何も不満をいうようなことはないよ。

僕の家族にとって一番必要なのは、一緒に生活をすることなのだ。生活する場所は、学びの場でもある。また、生活する街にある美しいものや、その街の文化に触れることも、とても楽しいことだ。しかし、家族が一緒に過ごせれば、それだけで最高だ。ほかには何も必要はない。

日本食は、これまでいろいろと試してきたけれど、だいたいみんな好きだ。とくに嫌いなものはない。すべて食べているよ。僕はいろいろなものを食べてみることが好きだけど、名前を覚えるのには苦労している。ホテルのいろんなレストランで食事をしたり、チームメイトも「これおいしいから食べろよ」と勧めてくれる。みんなとてもおいしいと思ったよ。

日本各地を回ってみて、気候が土地によってずいぶん違うんだということに気がついた。それと日本の四季は春、夏、秋、冬と、それぞれがはっきりしているね。夏はとても暑いし、冬はとても寒い。それはマドリードと一緒。でも、日本の夏はとても湿気がある。

たとえば、イングランドには、季節は2つしかない。あるのは冬と秋だけ。イングランドの夏は、僕が頭に描いていたような夏とは違っていた。とても暑いけど、雨がたくさん降る。空は灰色だしね。

もともと僕が一番好きな季節は夏だ。バカンスを楽しむことができるからかもしれない。しかし、日本は違う。Jリーガーにとっては、夏はバカンスを過ごすときではなく、リーグ戦の真っ最中だからね。

日本の春と秋も好きだ。いい天気が続くし、あまり暑くもないから、外に出かけられる。街での散歩を楽しむことができるし、この2つの季節が最高なのではないかな。

僕が日本で車を運転しているというと、みんなとても驚く。なぜだろう？　僕はイングランドでも右ハンドルで運転していたから、別に難しくない。みんなが驚くほうが、むしろ僕にとっては驚きなのだけど……。

これまでにも何度も、日本国内の旅を楽しんでいる。東京、別府、大分……。

阿蘇山に上り、火口も見ることができた。福岡近郊や徳島ではきれいなビーチを訪ねた。よく行くのは長崎かな。

広島の宮島も訪れたし、今度行ってみたいのが京都と奈良、それと雪のある季節の札幌かな。そして、沖縄のビーチも楽しみたい。まだ訪れていないところもたくさんあるからね。

僕が日本の文化に関心があるということは、これまで何度も言ってきたし、実際、たくさんの宗教関係や信仰についての本も読んだ。とくに関心を持ったのは、神道と仏教だ。すべての宗教は同じことを言っているけれど、解釈の仕方がそれぞれ異なっているのだと僕は思う。

日本では、自然、平和、平穏に対してリスペクトする方法が異なっている。その考え方が、僕は好きなのだ。平穏や休止、平和との問題に向かい合うためのバランスを持ち続けることができる。

これまでにもたくさんの寺院を訪れた。僕は平穏や静けさが好きだ。そこを散歩して、考えて、何かをする。

日本に来て、あるいはヨーロッパにいる日本の人と知り合って感じたのは、おとなしさと静かさ、そして落ち着きだった。それらは人生においてとても必要なものだと思う。そして、僕は日本ではその静かさに出会えるだろうと期待し、それをとても楽しみにしていた。

街を歩いていても感じるこの静けさは、僕がとても驚いたことだった。東京の代々木公園に行ったときのこと。たくさんの人がいるのだけど、静かなのだ。それがとても強く印象に残った。

スペインでは、あるいはヨーロッパの街は、どこもとても騒音が激しい。誰もが大声で話すし、車はクラクションを鳴らすし、電話の着信音が鳴り響き、とにかくやかましい。

しかし、日本では何の騒音も聞くことなく散歩することができる。静かなのだ。このような平和を感じるような街を歩くことが、僕は好きだ。

美しき日本巡りが好きだというトーレス選手。厳島神社（上）と別府温泉（下）

渋谷のスクランブル交差点（上）と、代々木公園（右下の2枚）、11月25日には大相撲九州場所千秋楽を家族で初観戦した

家族 Familia

僕の父はガリシア出身、母はマドリード近郊の村の出身だ。とてもおとなしくて、素朴で、よく働く両親だった。

小さな頃は、マドリードの南にあるフエンラブラダという街に住んでいた。その街は労働者が多く住む地区だった。兄と姉と僕は、そのような環境のなかでごく平凡に育った。

けれど、我が家にはいくつか大切にしなければいけない価値観が存在していた。それは家族が何よりも大切であるということ。家族をリスペクトすること、そして愛するということ。

常に家族の存在を忘れないということはとても重要なことだった。そして、家族以外の人たちに対しても、いい人であり、忠実であり、また、礼儀正しい人であるべきだというものだった。

それを今、僕は親となり、自分の子どもたちに伝えようとしている。

僕は3人兄弟の一番下だったから、兄や姉たちも、両親と同様、僕にとって、よきお手本となる存在だった。とくに多くを語る両親ではなかったし、また、いろいろと説明してくれるわけでもなかった。多くを語らずして、自らの姿勢を示すことで伝えようとしていたのだと思う。それでも、父がだめだと一度言ったら、もうそれ以上は問答無用だった。

そんな両親を、そして、兄や姉の姿を見て、僕は学んでいった。いずれにせよ、両親から怒られることはあまりなかった。

ただし、両親から与えられたノルマを果たさなければならなかった。ノルマとは、家での決まりごとを守ることだった。時間を守ること。しっかりとテーブルについて食事をとること。食事ができることに感謝すること。

なぜなら、多くの人が食事をとることができないでいるからだ。僕の家は、そういったすべての細かいことに価値を見出していた。

学校ではしっかりと勉強していい点を取ること。もしも、いい点を取れなかったら、フットボールに行くことを許されなかった。そして僕は、そのノルマを破る子ではなかった。

学校ではよく勉強していたから、いい生徒だったと思う。僕はフットボールをするのが大好きだったから、練習に行くためにはしっかりと勉強しなければいけないこともよくわかっていたのだ。

僕はいつも持っているもので我慢していた。けっして何かをほしがったりもしなかった。オモチャもいらなかったし、何もいらなかった。時間があるときは道に出ていき、友達とボールを蹴るだけだったのだ。

まだ家庭でしつけされなければいけないような年齢でありながら、子どもたちの教育は学校でされるべきだ、と考えるのは問題だと思う。

学校は教育を補足するところであり、学ぶところであるべきだ。教育は家で始まるものだ。家で子どもたちを見て、直感的に感じ、育てるものだ。

僕が小学校へ行っていた頃、とても退屈に感じたものだった。中学、高校へ行くまでは、学校でモチベーションを高めるようなことはなかったのだ。

でも今、自分の子どもを見ていると、7歳や8歳でもモチベーションを高めているし、学校を楽しんでいる。なぜなら、先生たちは子どもたちを楽しませる術を心得ているからだろう。

僕が親からしつけられたように、自分の子どもたちにしつけするのは、現在はより難しくなってしまった。僕の子どもたちは、僕が過ごしたような幼年期を送ってはいない。それは僕のときよりも悪いとかいいとか、そういう問題ではなくて、異なっているということだ。

子どもたちは、すべてのものを持っているし、ものはあふれかえっている。誕生日やクリスマス、何かにつけてたくさんのプレゼントをもらう。プレゼントに対するありがた味というものが少し失われてしまっているようだ。

以前は、プレゼントをもらったら、そのオモチャだけで遊んでいた。でも現在は、子どもたちはたくさんのものを持っている。

僕ら夫婦は、子どもたちにものの大切さを理解してもらおうと、しっかり説明するように努めている。

いい仕事に巡り合うことは簡単ではないこと。素晴らしい家庭を持つこともとても大変だということ。必要なものがいつも手に入るわけではないこと、などを説明する。

第3章
素顔

アトレティコ・マドリードの下部組織に所属していた10歳の頃のトーレス選手

また、「それ以上ほしがってはいけないよ。今持っているもので我慢しなさい」と話している。でも、子どもたちにとって、それを理解するのはとても難しいことのようだ。

僕が難しいと感じるのは、仕事というものは大変であり、お金を稼《かせ》ぐのはけっして簡単ではない、ということを理解させることだ。子どもたちが今手にしているものも、それを手に入れるのはとても大変であるということ。なぜなら、僕はフエンラブラダの貧しい地区で育ったからであり、子どもたちはそういうところで育っていない。

そして、幼い頃の僕が持っていたものよりもはるかに多くのものを持っている。常に、すべてのものを手に入れることに慣らされてきてしまっている。彼らにとって、それは大変なことであり、たくさんの仕事をして手に入るものだ、と理解するのは難しいことなのだ。

大きくなるにつれて、少しずつ繰り返すことによって考えていってくれるようになるのかもしれない。僕らは子どもたちに、気まぐれで勝手な人間にはな

ってほしくない。自分の仕事を持ち、その仕事をしっかりやるような人間にな
ってほしい。なので、僕ら夫婦は、もうプレゼントはしないことにしている。
僕自身も、日々、親として彼らから学ばなければいけないのだ。

子どもたちには、とにかく将来幸せであってほしい。彼らが幸せだと感じる
ものに、あるいは彼らに満足感を与えるような仕事、または、幸せにするよう
な仕事に出合える幸運を持つことを願っている。だが、それはとても難しいこ
とだ。

少なくとも彼らを幸せにするような何かに出合ってくれれば、それでいい。
そして彼らが、夢がかなったと感じられることを望んでいる。そして、彼らを
愛してくれる人に出会い、愛し合い、家庭を築いてほしい。僕が子どもたちに
望んでいることは、それだけだ。

PAPI
9
PAPI
9
9

REUTERS/AFLO

人生で一番の宝であると公言する家族。左から長男レオ、長女ノラ、次女エルサ

ストレスとリラックス

Estrés y relajación

いくら好きな職業であるフッボリスタ（スペイン語でフットボールプレーヤー）を続けてきたとはいえ、フラストレーションを感じることは少なくない。もしかしたら、毎日感じているかもしれない。練習のとき、あるいは試合をしているとき。

試合に負けているときは、とくに強く感じる。そして、試合が終わると、当たり前のことだけれど、もう結果を覆すことはできないから、そこでまたフラストレーションを感じることになる。

練習においては、自分のなかにこのような感情を持つことは、むしろ、必要なのではないかと思う。自分がさらによくなるために、そして、翌日にはさらによくできるようになるためにも、向上するための糧《かて》として必要なのではないだろうか。

もちろん、試合に負けたときに感じることも必要だ。相手のほうが優っていたのだから、自分たちもよりよくしなければと感じるためにも、そのような感情を体験する必要がある。

試合に負けているとき、もしもフラストレーションを感じないのなら、相手からボールを奪って、攻撃することもできないだろう。相手のほうが優っている。それに対してフラストレーション、そして、怒りを感じなければいけないのだ。それは必要なことだろう。

怪我をしたときも、怒りとフラストレーションがわき上がってくる。しかし、怒りはすぐに収めなければいけない。頭を切り替えて、新しいステップを上がっていくのだと考えて、リハビリをしっかりやっていくことが大切だ。

リハビリも通常のとき以上に気をつけて、しっかりとしなければいけない。できるだけ早く回復するように努めなければいけないのだ。怪我をしたら、新しい挑戦が始まるのだと思い、そして、乗り越えるのだとポジティブに考えることが大切なのだ。

もうずいぶん長い間、僕は悲しみを感じることがない。その意味では、とてもラッキーな人間だと思っている。子どもの頃に憧れたことをやることができた。僕が夢見たことはすべて、あるいはほとんど実現することができた。

そして、僕には家族がいて、それが一番大切なものだ。だから、悲しいなどと感じたら、それはエゴイストということになってしまうと思う。

もちろん試合に負けたり、あるいはいい練習ができなかったりすれば怒りがこみ上げてくることはある。でも、悲しいなどという気持ちにはならない。

まだずいぶん小さなときに、僕は学んだ。辛いことがあっても立ち上がる。そして、また転んだら、再び立ち上がる。100回転んだのなら、100回立ち上がればいいのだ。それこそが、よりよくするための唯一の方法だから、決して屈してはいけないのだ。

同じように、数年前からリラックスもできるようになった。スポーツ選手としてのキャリアは長いから、おそらく今の段階は成熟期に当たると思う。僕はリラックスもすぐにできるし、また、素早くモチベーションを高めることもできるようになった。

リラックスするために、スイッチを切ることもできるようになった。そして、練習になると100パーセントの状態に持っていける。

自分の仕事にベストを尽くす。そして、練習後、車に乗り込めば、フットボールから離れ、家族との時間を楽しむことになる。

子どもたちが就寝すると、今度は自分のことを考えることができるようになる。自分の生活からフットボールを切り離してね。あるいは自由な一日には、どこかへ出かけることもできる。

数年前までは、それも不可能だった。フットボールのことが一日中頭のなかにあったからだ。

子どもとどこかへ出かけても、試合のことばかりを考えていた。とにかく、もっとも重要なことは試合だった。ラ・リーガの試合に勝つこと、あるいはチャンピオンズ・リーグの試合に勝つことばかりを考えて、フットボールから頭を切り換えるのが、とても難しかった。

それが時間とともに、切り離すことを学ぶことができた。僕にとって一番リラックスできるときは、家族と一緒に過ごす時間だ。子どもたちと一緒に、ごく普通のことをする。子どもたちと散歩をしたり、公園で遊んだりしてね。

第3章

素顔

哲学 Su filosofía

人生において、人はとても早くから負けることを学ぶものだ。なぜなら、人生には多くの敗北があるからだ。

スポーツにおいてはさらに多くある。勝つことを知るのは、さらに、とても難しいことだと思う。勝利を学ぶのはもっとあとであるからだ。

そのあとに、どのように振る舞うべきかを学ぶことになる。負けた者に対して手をさしのべられるのも、自分が重要な試合で負けたときに、どのように感じたかを思い出すからだ。自分を祝うことよりも、先に敗者を励ますべきなのだと思っている。

前述したとおり、僕は子どもの頃、試合に負けると部屋にこもって誰からも言葉をかけられたくなかった。そんな僕も、時とともに学んでいった。敗戦もスポーツの一部であるということを。

しかし、スポーツにおいては、勝利のときにどのように振る舞うかを知らずに、もっと言えば、勝利を学ぶ前に辞めてしまう人が多い。

アトレティコ、そしてスペイン代表で一緒だった、ルイス・アラゴネス監督は、僕にこのような言葉をかけてくれたことがあった。

「ニーニョ（僕の愛称）、勝利を多く経験すればするほど、台座を高くつくればつくるほど、落ちたときは強く打つものだ。おまえが上にいるときは、お前が下にいたときのことを思い出すんだ。しっかり地に足をつけて、浮かれていてはだめなんだ」


人生を歩むなかで、座右《ざゆう》の銘《めい》は生まれてくる。それは、僕にとってひとつだけではないかもしれないが、いずれも、だいたい同じような意味を持つ言葉だ。ひとつ上げるならば、それは「no rendirse（ノ・レンディールセ）日本語では、『けっして屈しないこと』」というものだ。僕は屈服してしまう人が好きじゃない。難しいことに直面すると、諦めてしまうような人は嫌いだ。

僕が好きなのは、たとえチームが0対4で負けているときでも、走り続ける姿勢だ。フットボールに対して、誰にも負けないような愛情を持ち、絶対に負けるものかという気持ちで戦い、しっかりと立ち続けていることだ。

僕が嫌いなのは、チームが0対4で負けているときに、諦めてしまい、屈服してしまうこと。ひざまずき、そして5点目、6点目を失ってしまうことだ。

試合には負けることもあるだろう。そして、ときには0対5というような大敗を喫してしまうこともあるだろう。

でも僕は、レフリーが試合終了のホイッスルを吹くまで、走り続けるだろう。けっして屈してはいけないのだ。

大事なのは、諦めずに最後まで続けることだ。

イニエスタ

Iniesta

アンドレース（イニエスタ）と知り合ったのは、ともに10歳のとき。お互いにアレビンと呼ばれる年代別のカテゴリーのチームに属していた。ラ・リーガの1部に属しているチームの下部組織であり、僕らはともにライバルとして、そのカテゴリーで戦っていたのだ。アレビンの選手権があって、その試合の模様はテレビでも放送されていたから、スペインでは有名なものだった。

彼はアルバセテで、僕はアトレティコだった。僕らはその大会で知り合ったのだ。そして彼は11歳のときにFCバルセロナに入団する。15歳になると、年代別スペイン代表にともに選ばれた。

スペインでは一番下の代表が、U－15だった。初めての招集が行なわれたとき、彼とはとても仲よくなったのだ。

以来、彼とはとても親しい友人として、たくさんの試合を、ライバルとして戦ってきた。それぞれ所属するクラブは異なり、敵味方となって戦ったけれど、代表ではチームメイトだ。

2001年に行なわれたUEFA U‐16欧州選手権の決勝では、怪我で試合に出られなかったアンドレースに捧げるTシャツを見せたことがあった。あのとき彼は、ドイツ戦で怪我をしてしまい、決勝に出られなかったのだけれど、彼は僕らのチームでもっとも重要な選手だった。だから、多くの選手がユニフォームの下に同じTシャツを着てピッチに立った。ゴールを決めた選手が、アンドレースに捧げるために、そのTシャツを見せようとみんなで決めていたのだ。

当時はソーシャル・メディアも存在していなかった。でも、彼はそれを見たに違いなかった。僕らは彼に見てもらいたくて写真と手紙を連盟に送った。彼はとても喜んでくれたとあとから聞いた。優勝するために彼も僕らを大いに助けたのだから。

それから二人ともスペイン代表として、UEFA欧州選手権（ユーロ）2連覇やワールドカップ初優勝という、スペインにとって歴史上最高の瞬間をともに過ごすことができた。そして今、日本でまた一緒になっている。振り返れば、二人のキャリアはとても似ていて、いつも一緒に過ごしてきたかのようだ。

AP/AFLO

2008年6月29日、ドイツとの決勝を制し、スペイン史上初のユーロ優勝を決めた歴史的ゴール。2人の活躍が優勝を大きく引き寄せた

アンドレースが日本行きを決めたと知ったとき、僕は別に驚かなかった。アンドレースも、そして彼の家族のこともよく知っていたから、彼と家族にとって何が大切なのかもよくわかっていたのだ。

家族として楽しむことができるような場所に、彼が出合ったのだと思う。そのような意味で、彼は僕と同じように考えたに違いない。

「日本のフットボールは高いレベルにあり、いい戦いをすることができる。家族にとっても、これまでとは異なった経験をすることができる。それは家族にとっても本人にとっても、とてもいいものになる」

そう僕が考えたように、彼もそのように考えたに違いなかった。

僕らにオファーがされた頃、僕らはそれについてもよく話し合ったし、また日本で何ができるのかということもよく話した。そして、彼は日本に行くと決めたとき、僕に「君も来ることを僕は望んでいるよ」と言ってくれた。

それから数週間後、僕は彼に「日本に行くよ」と告げた。彼もとても喜んでくれた。ほぼ毎日、彼と連絡を取り合っている。話すことはたくさんあるのだ。

YUTAKA/AFLO SPORTS

時を同じくして、Jリーグという舞台を選んだスペインのレジェンド2人

インタビュー
Entrevista

イサック・クエンカ（サガン鳥栖 選手）

２０１１年に一度、ＦＩＦＡクラブワールドカップで来日したことがありました。

日本はとても美しい国なので、魅力を感じていましたし、今まで僕が経験してきたものとは異なったＪリーグを知りたいと思っていました。そんななか、サガン鳥栖からオファーをいただきました。

僕は２０１１−12年シーズン、サバデルでカレーラス監督の下でプレーしたことがあるので、監督の考え方もある程度わかっています。

さらに、サガン鳥栖にはフェルナンドがいるということで、僕は日本行きを決めたのです。

フェルナンドのことは個人的には知りませんでしたが、僕がまだ子どもの頃、彼がアトレティコでデビューした頃の試合はよく見ていました。

ゴールゲッターとして活躍していましたし、そのあと、彼はどこのチームに行ってもいいプレーをして得点を決めていました。異なったリーグで得点を決めることは簡単なことではなく、すごいことです。

FCバルセロナ時代に、彼がいたチェルシーFCとカンプノウで対戦したことがありました。2011－12年シーズンのチャンピオンズ・リーグ準決勝第2戦、僕は先発して後半に交代してしまったのですが、彼は後半35分から出てきて、貴重な同点ゴールを決めています。それによってチェルシーは決勝へと進出したのです。僕はとにかく悲しくて、早く家に帰りたかったことを覚えています。

スペインのフットボール史において、彼の名前を絶対的なものにしたのは、2008年のユーロにおいて、スペイン代表を初優勝に導いたゴールを決めたことでしょう。

そしてまた、彼が長年所属していたアトレティコ・デ・マドリードにおいては、イコン（聖像）となっています。
フォワードとして優れているのは、スピードがあり、しかも、当たりが強く、そして、いいポジショニングを取ることです。

フェルナンドはいつも物静かですが、人が困っていると助けてくれます。フットボールだけではなく、人生においてもたくさんの経験をしています。

そのフェルナンドと日本で一緒にプレーをすることになったわけですが、Jリーグについては、彼からいろいろと教えてもらいました。また、サガン鳥栖に実際に加わってみて、優れた選手がそろっているのには驚かされました。しかもみんな謙虚で、うまくなりたいと努力しています。とてもいいグループなので、いい結果を出したいですね。

僕もベストを尽くして、活躍して、日本でもっと有名になれるようにがんばります。

Capítulo

4

El fútbol

出合い

Encuentro

僕が4歳か5歳の頃は、よく兄に向かってシュートを放っていた。7歳年上の兄が、フエンラブラダの街のチームでゴールキーパーをやっていたので、僕は兄の練習の手伝いをしていたのだ。

実はこのとき、僕は喜んでフットボールをやっていたわけではなかった。兄から無理矢理やらされていたのだ。というか、この頃、僕はフットボールの試合を見たりもしていなかったし、フットボールが好きではなかった。

毎年、夏になると僕の家族は、ガリシア地方にある、コスタ・ダ・モルテというところへ避暑に出かけていた。エストルデというビーチに友達と一緒にいつも遊びに行っていて、そっちのほうが楽しかった。

実際、僕の家族は、フットボールがすべての中心という家庭ではなかった。おおよそスペインではどこの家庭でもフットボールが一番の関心事だ。だからそういった面では少し変わっていたとも言えただろう。

そもそも僕がフットボールに接するようになったきっかけは、母方の祖父、エウラリオの影響だった。祖父はマドリード郊外のバルデアベロという村に住んでいて、よく僕らの家族は、週末に祖父の家で過ごすことが多かった。

あるとき、祖父の家に行くと、アトレティコ・デ・マドリードのエンブレムが描かれたお皿を見つけた。僕は祖父に「おじいちゃん、これなんなの？」と尋ねた。祖父はよく道に出て、ラジオで試合を聴いていた。

そんな祖父を見ていて、フットボールに関心を持つようになった。正確に言えば、フットボール以前に、アトレティコに関心を持ったというのが正しいだろう。その頃、周りの友達は選手たちのブロマイドを集めていたし、チャパスといって、瓶《びん》のふたを利用して行なうフットボール・ゲームで遊んでいたけれど、僕はあまり関心がなかった。

でも、この頃にテレビアニメの「キャプテン翼」がスペインで放送され始めた。僕はそれをいつも欠かさず見ていたのだ。

「キャプテン翼」は、スペインでは、「カンペオーネス」というタイトルで放送されていたけれど、人々は「オリベルとベンジー」と呼んでいた。僕がフットボールをやり出したのは、ひとつはキーパーである兄が、いつも僕を無理矢理に公園に連れていき、相手をさせたこともあるだろう。でも、まさにそんなときに「キャプテン翼」が始まった。僕はそれを見てフットボールを始めたといっても過言ではない。

今もよく覚えているのは、翼が新しい街に引っ越して、フットボールを始め、フットボールを通じて友達ができて、そしてチームに加わる。そして、翼は日本代表の選手にもなる。

僕はそのアニメを見て、「わあ、フッボリスタの生活はなんて楽しそうなんだろう！」と思うようになったのだ。

だから、僕は実際の試合を見るよりも前に、このアニメを見ていたことになる。それからずいぶん先になって、アトレティコの試合を見るようになるのだ。兄と「キャプテン翼」という2つの影響によって、僕のフットボール・ライフは始まったのだ。

最初の頃は、僕も兄のようになりたいと思っていたから、ゴールキーパーを目指していた。でもある日、僕が友達とフットボールでキーパーをやっていたら、転んで歯を折ってしまったのだ。そのことで、母はとても怒り、「もうキーパーをするのはやめなさい！」と言われてしまった。

そんなこともあって、僕は次第にフィールド・プレーヤーとしてプレーするようになった。それは、8歳か9歳の頃だったと思う。でも、僕はゴールキーパーも好きだったから、よく友達同士でやるときにはキーパーをすることも多かったのだ。

フットボールをして遊ぶのは、たいていが道路だった。現在とは違って、当時はフットボールをやるグラウンドなんて存在しなかった。だから、いつも道路に2つの石を置いてゴールをつくってやっていた。

だけど、ゴールの後ろには家があることが多いので、あるとき、僕が放ったシュートで、近所の家の窓ガラスを割ってしまったこともあったのだ。その家の人はカンカンに怒って、ボールを返してくれなかった。

また、あるときは公園でフットボールをしていたら、庭師にボールを取り上げられてしまったこともあった。公園でボールを使って遊ぶのは禁止されていたからだ。

学校へ行けば、フットボールができるグラウンドがあったのだけれど、放課後そこに入るには、とても高い柵を乗り越えなければならなかった。

でも、僕らはいつもその柵を乗り越えて侵入し、フットボールをやっていた。友達の家のインターフォンを鳴らし回って、5人対5人で試合ができるようにメンバーを集めた。

ゴミ袋を縛ってボールにしていたこともあったな。本当のボールなんて、なかなか手に入らなかったから。

ようやくボールを買ってもらってから、みんなで一日中遊び倒した。やがて、気がつけば、僕はいつもフットボールばかりするようになっていた。夏になればガリシアのビーチでもよくやっていた。7歳になるとフエンラブラダのクラブに入り、10歳のときに、アトレティコへ入団することになったのだ。

プロへの道

Profesionalización

いつも一緒にフットボールをやっていた仲間のなかで、僕は技術的にうまい方ではなかった。フッボリスタになる条件は、フットボールを好きな者たちすべてにあると思う。もしも、何かを好きで関心を持っていたら、どんどんうまくなっていく。

けれど「好きであること」だけでは、不十分なときもある。なぜなら、たくさんの人がやっているからだ。常に自分よりもうまい子はいる。問題はどこまで到達したいのかということになる。

ある段階になると、これ以上は上には行けないだろう、と思うときが必ずやってくる。限界を感じることで多くの場合、プロになるのを諦めてしまう。僕が小さかった頃は、どこまで到達できるだろうかなどとは考えてもいなかった。振り返れば、僕は曲芸のようなプレーなど一度もしなかった。ルイス・アラゴネス監督は、いつも僕にこのように話していた。

「ニーニョ、意味のないことは覚えなくてよい。お前はゴールだけを目指していればよいのだ」

もともと、僕は小さいときからノールックパスや、かかとでトリッキーなプレーをする選手に一度も関心を持ったことはなかった。そんなことは時間の無駄だとさえ思っていたし、フットボールの目的は別のことだと思っていたのだ。

僕は6歳からフットボールを始めて、17歳でプロデビューした。その間にも、僕以上にフッボリスタとなる条件を備えた、たくさんの仲間たちに出会ってきた。しかし、彼らの多くが、何がフットボールで大切なのかを理解していなかったのだと思う。

曲芸のようなトリッキーなプレーは、いわば補足的なものだ。たしかに、もしそのような技術があれば、それはひとつの宝、あるいは資産とも言えるだろう。しかし、それはフットボールの本質ではない。多くの子どもたちは、このことで誤解してしまう。

なぜならば、そのようなことを毎日テレビでやっているからだ。オーバーヘッドキックやヒールキックといったものがテレビで流される。しかし、それがフットボールのすべてではないのだ。

第4章 フットボール

アトレティコの練習へは、列車とバスを乗り継ぎ、片道2時間かけて通っていた

やがて僕はファンとして週末にスタンドから観戦しているのではなく、ピッチでプレーするようになっていった。フベニル（17～19歳のカテゴリー）で得点も決めていたし、調子がよかった。

しかし、トップチームに上がろうとする挑戦のような気持ちは持っていなかった。トップチームに加わるのはもうすぐだとか、自分を強迫観念に追い込むようなこともなかった。到達するときは到達するのだ、といったくらいの気持ちでやっていた。

トップチームで1試合でも出られれば、それで十分だった。なんの重圧も感じていなかったし、家でそのようなことが話されることもなかった。

もしも、下部のカテゴリーでプレーしているときに、いつもベンチに留まらなければいけなかったとしたら、僕はそこから出ていっていただろう。

なぜなら、それでは2時間もかけて列車とバスを乗り継いで、練習に行く価値がないからだ。それよりも僕は街のクラブに入って、そこでプレーしていただろう。

自分がトップチームでプレーする姿を想像する時間もなかった。なぜなら、突然、トップチームに上がることになったからだ。そして、またそれが僕にとってよかったのだろう。僕がどこに向かっているのかに気がついたときには、もうすでに後戻りすることはできなかったのだ。

プロであることのすべてを理解したとき、通常はそれで苦しむのだが、僕は目の前のことに集中していて、めまいを感じるようなこともなかった。多くの子どもたちが、トップチームに上がる日を目標にして、そうなれるかを気にするが、実際にトップチームに上がると、プレーするのとは別に、たくさんのことの存在に気がつくのだ。

アマチュアからプロへ進むために必要なことは、いったい何だろうか。それはポジションにもよるし、人によっても異なるだろう。たくさんの要因があるはずだ。また、スペインの1部リーグでプレーする選手のなかには、けっしてイングランドやイタリアのような、ほかのリーグでは活躍できないプレーヤーもいる。その逆も然《しか》りだが。飛躍することはとても難しいのだ。

それはテクニック的な問題だけではない。競争力を持ち、強くなければいけないし、それぞれの試合に何が求められているのかを理解していなければいけない。そして、巡ってきたチャンスを生かすこと。何よりもそれこそが、もっとも難しいことなのだ。

以前の僕は、試合前にいろいろなことをやっていた。ユニフォームを着るときの順番も決めていた。最初にパンツを履いてから、シャツとか、テーピングをして、ストッキングを履いたら、その上からスポーツソックスを履くといった具合に。

けれど、今はもう、そのようなことはしていない。若いときはいろいろと験《げん》を担いでこだわったりもしていたけれど。

今でも続けているのは、ピッチに入るときは右足から、ということだ。これはルイス・アラゴネスが僕に教えてくれたことだった。

「ピッチには右足から入り、ラインを踏んではいけないよ。それからチームのエンブレムも踏んではいけない。しっかりとリスペクトしているということを示すためだ」

今も続けているのは、それくらいかな。年とともにそういったこだわりもなくなってきた。年を重ねるごとに、何が大切なのかがわかってきたのだ。いろいろとこだわっていた頃は、やはり、自分自身に対して自信がなかったのだと思う。落ち着くために、安心するために、いろいろやっていたのだ。

今では、そうする必要がなくなった。安心するためには、しっかりと練習を積み、自信を持つことがいちばんだ。

験担ぎではないが、スパイクには好きな色がある。子どもの頃は、スパイクといったら黒しかなかった。そのあと、いろいろな色のスパイクが出てきて、それ以来、黒いスパイクを履かなくなった。黒は正装のときに履く靴みたいな気がして。僕が好んで履いてきたのは白。スポンサーのメーカーからは、よくいろいろな色を試さないかと勧められてきた。でもやはり、僕は白のスパイクが好きなのだ。

フォワード

Delantero

フォワードとしてもっとも重要なのは、得点を決めること、すなわちゴールだ。ゴールを決め続けている限り、フォワードはそのポジションから外されることはない。極端な言い方をすれば、たとえいいプレーをしていなかったとしても、ゴールを決めていれば許されるのだ。

しかし反対に、いくらいいプレーをしていても、ゴールを決めないと、ほかの選手が出てきて、さらに、その選手が得点を決めるようなことがあれば、ポジションを奪われることになる。実にシンプルなものだ。

フォワードはゴールを決めなければいけないし、ゴールキーパーはシュートを止めなければいけないのだ。

子どもの頃に憧れたのは、アトレティコのフォワードだったキコ（フランシスコ・ミゲル・ナルバエス・マチョン）だった。

僕は彼のプレーを見て、彼のようになりたい、彼のようにプレーしたいと思ったのだ。僕にとって彼の存在は、モチベーションを高めるものだった。

そのあと、スペインでプレミア・リーグがテレビ放送されるようになると、僕はティエリ・アンリに注目するようになった。僕は彼のプレーの虜《とりこ》になった。フォワードをやっていてラッキーだなと感じるのは、得点を決める選手となれることだ。フットボールにおいてもっとも難しいのは、得点を決めること。だから、とても苦労することになるし、得点はとても貴重なものともなるのだ。得点が決まればみんなが喜ぶ。

よくゴールのないところにフットボールはないなんて言われるけど、幸いにもフォワードにはたくさんのゴールを決める可能性がある。そして、その得点のおかげでファンを喜ばせることもできるのだ。それはとても素晴らしいことだと思う。

以前リヴァプールの監督を務めたダルグリッシュの言葉に、次のようなものがあった。

「もしもフォワードがチャンスでしっかり得点できなかったとしたら、次のチャンスで得点する確率はさらに増えるのだ」

僕はこの考え方に賛成だ。チャンスが多ければ多いほど、得点を決められる可能性は大きくなるのだから。一回しかチャンスがなければ得点するのはより難しいが、10回あったらどうだろうか。

だから僕は、サガン鳥栖が攻撃的なフットボールをやるチームになることが大切だと思う。相手陣内で長い時間戦うようなチームになることだ。相手ゴールに近づけば、さらに、ゴールチャンスは増えるのだから。


ゴールはひとつのフィーリングだ。それを自分のなかに持っていなければいけない。自分でどこに動くのか、そしてまた、どのような態勢で動かなければいけないのかを決めなければならない瞬間がある。

結局は、それまでの練習を積み重ねてきたことによって、自動的に、ひとつの形をとることになる。多くの場合、ボールは自分が動いていったところへ飛んでくる。

それは本能的なものだ。そのフィーリングこそが、フットボールにおいて存在する、もっとも美しいものではないかな。

シュートしたボールが、ネットを揺らすのを見る。そのときのフィーリングといったら、最高にすごいものだ。

決まったという安堵感もあるけれど、まさにエクスタシーを感じる瞬間であり、大きな幸せを感じることができる。人々の歓喜の叫び声の波が、耳元に届いてくる。とくにヨーロッパでは、多くのゴールを決めたあとの観衆の叫び声を聞いてきた。

とくに好きなのは、ホームでゴールを決めたときだ。そのときのスタジアムの雰囲気は最高だからだ。

でも、アウェイで決めたとき、その静まりかえったスタジアムの雰囲気を味わうのもいいものだ。アウェイのスタジアムでは、大歓声とはまったく逆のものを耳にすることになる。そう、スタジアム全体が静まりかえってしまうのだ。相手チームのサポーターは、そこにいないかのように静かになってしまう。その静けさを聞くのも、僕は大好きなのだ。

どんなゴールが好きかと聞かれれば、すべてのゴールが好きだ。

Masahiro Ura

右足であれ、左足で決めたものであれ、あるいはヘディング、リバウンドを押し込んだものであれ、何でもいいのだ。ゴールとは、どんな形であれ一緒であるからだ。

ゴールを決めたあとは、いつも僕が得点するのを助けてくれたチームメイトと抱き合うことにしている。僕は何か変わったパフォーマンスをするのは好きじゃない。選手によっては、まずはチームメイトから離れて、ダンスを踊ったりして、それからチームメイトのところへ行く者もいる。

最近はいろいろなパフォーマンスをやる選手が増えてきている。その間、チームメイトは待たされているのだ。僕には理解できないことだし、いいことだとは思わない。

だから僕は、まずはチームメイトと歓びを分かち合う。彼らがいなければ得点は生まれていない。僕らはチームで戦っているのだ。まずは感謝すべきだろう。そのあとは好きにやればいいのだ。

第4章
フットボール

一つひとつ

Uno a uno

ゴンダ（権田修一選手）はポルトガルへ移籍したが、僕が1年目に感じたことは、彼はJリーグにおいて最良のゴールキーパーだったということだ。彼のレベルの高さにはとても驚いている。しかし、彼は僕にこんなことを話したのだ。

「日本人のゴールキーパーがヨーロッパに行くのはとても難しい。なぜなら、ヨーロッパにはとても高いレベルのゴールキーパーがいるのと、日本人のゴールキーパーはレベルが高くないと見られているんだ」

彼のプレーを見て、僕はけっしてそんなことはないと思っている。

僕がイングランドでプレーしていたとき、チームのゴールキーパー・コーチは、常にこれから対戦する相手チームのゴールキーパーの分析を行ない、このゴールキーパーはこのようなプレーを好むとか、少し前にポジションを取りがちだとか、1対1となったときは低く体勢を取る傾向があるから、上を狙った方がいいとか、あるいは動かないことが多いから、ドリブルで抜き去ればいいとか。低いボールに強いから、高めのボールをシュートした方がいいといった、相手のゴールキーパーについての攻略法の手がかりを与えてくれるのだった。そのことは僕にとって大いに役立つものだった。

そして試合中、実際にそのような局面になったとき、僕はそのコーチからのアドバイスを思い出した。背の高いゴールキーパーは低いボールが苦手だから、低めのボールとなるシュートを放たなければいけないとか、前気味にポジションを取るキーパーには、頭上を越すループシュートを放つとか。

とくにイングランドに行ったばかりの頃は、相手チームのゴールキーパーの特徴がわからなかったので、そのようなインフォメーションは、とても役に立ったのだ。

日本ではそのようなアドバイスを受けたことはないけれど、このようなインフォメーションに限らず、情報は常に役立つはずだ。

たとえば、コーナーキックを練習するときにも役立つ。フットボールにおいてはすべてのことが起こりうる。自分がするプレーが勝利を決めるものになるか、あるいは敗戦を決めるものになるかはわからないのだ。

アトレティコ・デ・マドリードで僕は育ったけれど、そのときにいつも言われていた言葉は、「1回1回のボールが、とても重要だ」というものだった。

たとえば、スローインのとき、そのボールがとても重要なものになるかどうかなど、誰にもわからない。そこで気を抜いて投げたりすると、相手に奪われ、ゴールを奪われてしまうこともある。

どのボールに対しても、けっして気を抜くことなく、次の1球がもっとも大事なものだと思って向かわなければいけないのだ。1球1球、そして1秒1秒がとても大切だ。勝敗を分けるものは些細《ささい》なことであるから。

2008年のユーロの決勝。ドイツ代表のゴールキーパーは、イェンス・レーマンだった。

その頃、彼はアーセナルFCでプレーをしていたが、シュートに対して低くセービングしがちであるという彼の癖を僕は知っていた。

PRESSE SPORTS/AFLO

名ゴールキーパー、イェンス・レーマンから奪った歴史的ゴールも、一つひとつの小さな積み重ねから生まれた

もしも対戦する僕が、その癖を知らなかったら、あのシュートを浮かすことはしなかった。つまり、あの決勝ゴールは決まっていなかっただろう。そういった些細な情報を、リヴァプールのゴールキーパー・コーチから、ロッカールームで教えてもらっていたのだ。それがなかったら、僕らは初のヨーロッパ・チャンピオンには、なれなかったかもしれない。

些細なことの一つひとつの積み重ねが、大きな結果を生み出すことになる。あの決勝戦では戦術も関係なく、コーナーキックやフリーキックといったセットプレーも関係なかった。システムも関係なかった。

勝敗は1秒で決まったのだ。相手ゴールキーパーが地面低く倒れてくることを知っていたからこそ、僕はあのようなシュートを放つことができた。それは練習の積み重ねでもあるし、練習からのみ得られることでもある。

テクニックだけではなく、また戦術だけでもないし、パワーや、耐久力だけでもない。一つひとつのすべてが重要なのだ。

インタビュー
Entrevista

高橋秀人（サガン鳥栖 選手）

「フェルナンド・トーレスがサガン鳥栖に」そんな報道が最初に出たとき、あくまで可能性であって、自分の目で見るまでは信じられないと思っていました。ところが、6月に実施されたイタリアでのトレーニング・キャンプから帰ってきて練習場に行くと、あれっ、端正なマスクの外国人選手がいるなと思って近づいていったら、あのフェルナンド・トーレス！　驚きましたね。

印象的だったのは、最初の挨拶の際に「自分ひとりでは何もできない。みなさんの協力が必要だ。助けてほしい」と言っていたことです。世界の最高峰を歩んできたスター選手の口から出た意外な言葉に、一気に親近感を覚えました。

実際に加入してからも、ピッチ内外で学ぶべきものがたくさんあります。一貫しているのは、チームのために、勝利のために、プロとして何を優先すべきかを常に考えているという姿勢です。

たとえば、練習に取り組む姿勢ですが、彼は練習の1時間前には来ています。そこでは、練習のための準備ではなく、実戦で自分自身を高めるためのフィジカル・トレーニングを行っている、そんな姿をよく見かけます。

とくに意外だったのは、当たり負けしない体幹トレーニングに加えて、普段、オンザピッチでは鍛えられない、首周りの筋力トレーニングにまで取り組んでいることです。確かに、フェルナンドは、遠い距離からでも強烈なヘディングを打つことができます、トップ・オブ・トップの選手は、テクニックだけではなく、その裏でこういったところまで取り組んでいたのか、と驚かされました。

どんな国の、どんなクラブでも点を獲《と》ってきたストライカーです。彼が点を獲ると負けない雰囲気がチームに生まれます。それはきっと、彼の歴史、努力、人柄といった要素から生まれてくるオーラのようなものではないでしょうか。

危ないところには行かないよ、ではなく、厳しい球際でもしっかり体を張ったり、痛いプレーもいとわずに戦う姿勢、審判に対してもリスペクトをしたうえで、主張すべきことは主張する姿勢など、この短い期間だけでも感化されるところはたくさんあります。

世界中の人が彼のことを見ています。同時にそれは、サガン鳥栖も注目されることを意味します。彼にアシストをすれば、アシストした選手の名前が海外のスポーツ記事に出ます。そういったことからも、彼の加入によって、われわれ日本人選手も、おのずと世界を意識するようになっているのは事実です。

でも、オフの時間になれば、「この前、どこどこを観光してきたけど、とても良かったよ」などと、シンプルな英語でコミュニケーションも盛んにとっています。また、彼は日本語を学ぼうとする意識も高くて、最近では、たとえば「おはようございます」を「オス」と言ってみたり、いろいろ試しています。

フェルナンドと僕は、フォワードとミッドフィルダーのセントラルということで、とても責任ある重要なポジションです。「ヒデの成長なくしてサガン鳥栖の成長はない」と、フェルナンドからも言われています。ピッチ内外で良好な関係を築き、結果を出していきたいと思います。

Capítulo 5

Equipo

アトレティコ・デ・マドリード

El Atlético de Madrid

スペインでは、フットボールは民衆の文化そのものであり、とても重要な存在だ。子どものときから、これからどのような生き方をするのか、これからの人生に向けて、とても大きな影響を与えるものでもある。

そして、クラブが大切に考えるものに共感することで、そのクラブを好きになる。幸いにも、僕は家庭において、ほかのクラブを選ばなければいけないという重圧もなく、アトレティコを応援することができた。

子どもがあるクラブを応援することになるのは、ほとんどの場合、父親の影響によるものだ。父親が熱心に応援するがゆえに、父親からそのクラブが大切にしているものを教わる。

ガリシア生まれの父は、その地元クラブであるデポルティーボ・ア・コルーニャを応援していた。しかし、とくに深い理由があったわけではなかった。

僕が幼少であった90年代はいわゆる〝スーペル・デポル〟と呼ばれていた時代で、デポルティーボがとても強かった。その影響もあり、父はファンを名乗っていたのかもしれない。その程度であったのだ。

フットボールに、そしてアトレティコに対して関心を持つようになったきっかけは、母方の祖父エウラリオの影響であったことは前にも触れた。祖父は僕に「お前はデポルのファンにはなるはずがない。アトレティコのファンになるのだ」と言った。そして、まだ幼い僕にアトレティコの持つ歴史、そして、クラブが大切にするものを、僕に熱心に説明してくれたのだった。アトレティコが大切にするものは、「lucha（逆境に対して戦うこと）」、「trabajo（一生懸命働くこと）」、「humildad（謙虚さを持つこと）」。これらは人生においても、とても重要だと思っている。

祖父に連れられてカフェに行って試合を観ることも多かったが、いつも周りにいる祖父の友人たちはレアル・マドリードファンだった。

そして、僕が通っていた小学校も、クラスの子全員がレアル・マドリードを応援していた。それが、当時は普通のことだった。

祖父と同じように僕は一人で周りと対抗していた。そして、僕はいつも思っていた。「僕はほかの子たちとは違うんだ。僕はいつも勝ってばかりいるチームなんか応援しない。戦うチームを応援するんだ。僕が応援するアトレティコは、どこが相手でも堂々と戦う、とてもいいチームなんだ」と。

不思議に感じていたことがあった。僕の周りのレアル・マドリードのファンは通常はユニフォームを着ていたが、マドリードが負けた翌日は着てこなかった。いつも自慢ばかりしていたが、負けたとたんにそのような態度をとることが、僕には理解できなかった。

1995−96年シーズンに、アトレティコがリーグ優勝と国王杯優勝の2冠に輝いたとき、僕は11歳だったけど、学校にもアトレティコのユニフォームをあえて着ていかなかった。僕は自分の応援するチームは、常に守らなければいけないと理解していたからだった。

また、アトレティコは、ただ勝てばいいというチームではない。その勝ち方にこだわっている。ほかのチームよりも、勝利するのには苦労を要することをわかっている。そのため、勝利への欲求やパッションを持ち、目的を達成することに貪欲《どんよく》だ。

勝てなかったときも、ファンはいつもチームを支える。結果だけで応援しているのではない。愛情を持って応援しているのだ。

2001年5月27日日曜日、レガネス戦でトップチーム・デビューをした。とても暑い日だったことをよく覚えている。僕は試合の前日から試合が始まるまで、とてもナーバスになっていた。だが、ピッチに立つと、それは消えた。

僕は子どもの頃からアトレティコに憧れ、いつしかアトレティコでプレーしたいと夢見ていた。

だから、アトレティコのトップチームでデビューを果たしたことで、その夢を実現することができた。

ただし、僕がデビューしたとき、アトレティコは2部に落ちていた。クラブにとってはとても難しいときだった。アトレティコはスペインのなかでも名門の一つと言われるクラブだが、そのクラブが初めて2部に降格したのだから、クラブにとってはまさに危機ともいえる状況だった。それでも僕がトップチームに上がってから2年目に、1部に復帰することができたのだった。

AFLO

2001年5月、17歳2カ月で憧れのアトレティコでトップデビューを果たした

僕は、プロフェッショナルとしてのキャリアの半分以上をアトレティコで過ごしたことになる。だから、アトレティコは僕の心のクラブともいえるものだ。僕自身もアトレティコの一ファンだからこそ、アトレティコでプレーできたことをとても誇りに感じているのだ。ほかのクラブに籍を置こうと、常に僕は一人の〝アトレティ〟であると感じてきた。

2007年夏、僕はアトレティコを離れ、イングランドのリヴァプールFCへと移籍した。

アトレティコを出なくてはいけないと思ったきっかけのひとつが、その年の5月に行なわれたFCバルセロナ戦での大敗だった。

その試合のあと、アトレティコに放出してほしいと自ら願い出た。なぜなら、僕が契約更新をして、より高いお金を要求したなら、チームは新しい選手を獲得することができなくなり、より弱くなってしまうとわかっていたからだ。

当時、アトレティコは正しい道を進んではいなかった。アトレティコが成長できないことに対して、僕は責任を感じていた。そして、バルセロナに0対6で敗れた。バルサとは、あまりに大きな差があったのだ。

このことが意味しているのは、バルサと対等に戦えるチームができるまで、何年もかかるということだった。

クラブも当時の状況から、正しい道を歩んではいないことはわかっていた。もしも、クラブが僕に対してすべてを与えていたら、チームはけっしてよくなっていかないだろう。僕はエゴイストになることはできなかったし、そのような状況のなかに自分を置いておくこともできなかった。

クラブにお金がないから、ビッグクラブと対等に戦うことができなかった。いい選手を獲得することもできなかったからだ。それでもファンは勝利を求めていた。それは、アトレティコが最高のクラブのひとつであるという意識を持ち続けていたからだ。これまで多くの栄光を得た名門だと、ファンは信じていたからだった。

僕はアトレティコ・ファンに対して行なった約束に責任を感じていた。自分自身もアトレティコ・ファンでもあったからこそ、クラブにとっていい状況をつくり出すためにも、僕が出ていくことが必要だと思った。僕にとってはとても辛い決断だった。

リヴァプール行きを決めたことは、今でも最良の選択だったと思っている。あのとき、アトレティコがよくなるためにも僕が出ていく必要があったと、時間が経った今でも、振り返ってみてそう思う。

実際、アトレティコはあれからよくなっていった。少しずつ、上位に留まるようなチームを築き上げていったのだ。そして、ヨーロッパのカップ戦にも出場することになった。

過去には「できれば、ひとつのクラブでキャリアを全《まっと》うしたかった」と、口癖のように話していた時期もあった。しかし、もしもそのようにしていたら、おそらく今日のようなアトレティコにはなっていなくて、相変わらず順位も中位に留まり、弱小クラブのひとつとして存在していたかもしれない。

自分自身もリヴァプールで数年間プレーしたおかげで、フットボールにおけ

REUTERS/AFLO

世界的なストライカーとしての評価を不動のものにしたリヴァプール時代

る僕のキャリアで、もっとも素晴らしいときを過ごすことができたし、楽しむことができた。

リヴァプールの素晴らしいファンも知ることができたし、素晴らしい街、スペクタクルなリーグを知ることができたのだ。僕がリヴァプールで過ごしていたときの動画を今見ても、とても当時が懐かしく、いい思い出として感じる。

イングランドへ行くことは、最良のフッボリスタになるために必要な一歩であったのだ。僕のキャリアにとっての大きなターニングポイントとなった。偉大な監督に出会い、僕を信頼し自由を与えてくれたのだ。

リヴァプールのラファエル・ベニーテス監督は、僕に様々なことを教えてくれた。僕を信頼してくれたし、さらに、成長するように助けてくれたのだった。そのおかげで、僕が夢見ていた以上に高いレベルに到達できたのだと思う。それらの数年間はとても素晴らしいものだった。

スティーブン・ジェラードと一緒にプレーができたのも幸運だった。疑いもなく、僕が一緒にプレーしてきた選手のなかで、彼は最高の選手だった。彼のことを日々懐かしく思うのだ。

イングランドのフットボールに適応するのは、大変ではなかった。とても早く適応できた。たくさんのスペイン人選手もいたし、アルゼンチン人選手もいて同じ言葉を話すことができた。

テクニカル・スタッフがみなスペイン人だったこともある。僕は常に守られていたし、フットボールも僕にとても合うものだったのだ。

スピードがあり、爆発的で、攻守の切り替えが早く繰り返される、とてもフィジカルなものだった。よくなっていくことばかりではなく、ときには試みたりもする、あるいは過ちを犯すこともあるなか、監督が信頼してくれることは選手にとってとても重要なことなのだ。

ベニーテス監督は僕をより信用してくれたから、それだけに僕の記憶にも残っているのだ。

さらに幸せだったのは、7シーズンあとに、再びアトレティコに戻れたことだった。

2015年1月4日、ビセンテ・カルデロンには、4万5千人ものファンが集まって僕を迎えてくれた。とてもうれしかったし、あの日が僕の人生において、もっとも感動した一日となったのは間違いない。

ほかのクラブでプレーしている間も、常に僕はアトレティコの旗を持ってプレーしていた。僕たちは再び会うことができ、ファンがあのような形で迎えてくれた。

アトレティコのすべてのファンは、必ずこの日がやって来ることを信じてくれていたはずだ。7年間、あの瞬間が来ることを彼らは待っていてくれたのだ。

記者会見で僕はこう話した。

「カルデロンに帰ってくるための理由なんてありませんでした。それは家を出て行った息子が7年ぶりに戻ってきた。そこに家族たちがいて、『オラ』と声をかけてくれた。そのように私は感じました。これまでフッボリスタとしてやってきて、もっとも特別な瞬間だったと言えます。試合でも、ゴールでも感じられない、特別なものだったのです」

僕が復帰する前年、2012‐13年シーズンには、僕はクラブの外からだったけれど、96年以来のリーガ優勝をアトレティコ・ファンとして見ることができた。クラブは僕の不在であった7年間に、まちがいなく進歩していたのだ。

アトレティコに復帰した2013‐14年シーズンは、僕にとって特別なものとなった。家に戻れたわけだし、しかも、重要な試合に出て、重要なゴールも決めることができた。

国王杯対レアル・マドリード戦で2ゴールを決めたし、リーガのバルセロナ戦でも得点を決めた。

さらに、終盤戦においては、ビジャレアル戦やレバンテ戦でも得点し、チャンピオンズ・リーグへの出場に大きく貢献することができた。

チームにとって重要なゴールを決めたいと、いつも思っているし、その点でも満足したシーズンだった。

3位という成績にも満足している。リーガ・エスパニョーラでは、マドリードとバルサが大きなアドバンテージを擁している。予算の規模からして大きく異なるし、世界中の名プレーヤーが集まっているチームと争うのは、とても大変なことなのだ。

アトレティコは2012-13年シーズンにリーグ優勝して、そして次のシーズンが3位。それはいい道を歩んでいることを意味していた。

チャンピオンズ・リーグは準々決勝で敗退してしまい、決勝まで行くことはできなかったけれど、国王杯もいいところまで勝ち進めた。

第5章
チーム

シメオネ

Simeone

アトレティコにとって、シメオネが監督としてやってきたことは、とても重要なことだった。シメオネはクラブが大切にしているものを、よくわかっているのだ。ファンが求めているもの、チームとして持たなければいけない価値観、ファンとクラブがまとまっていくために何が必要かということを、とてもよく理解していた。

なぜなら、彼もまた選手としてアトレティコでやってきたからだった。

シメオネ監督の長所のひとつは、選手たちに勝てると信じ込ませることだ。練習をしてこそ勝てる、ということを信じ込ませるのだ。どこが相手でもそのような気持ちにさせる。

「partido a partido（パルティード・ア・パルティード）」と言って強調する。それはつまり、一つひとつの試合に勝利していくと、シーズンが終わってみれば上位にいるというわけだ。何事においても、あまり長期的な目標を掲げると、より困難なものになってしまう。

たとえば、「リーガのすべての試合に勝利するぞ」と言うと難しいと感じてしまって、成し遂げることはできない。けれど、「次の試合に勝とう」と言えば、次の試合のことだけを考えて、そして、僕らはやれるかもしれないと思うものだ。

また、成功というものをファンにも信じ込ませる。シメオネ監督は口だけではなく実行してみせたのだ。

もちろん、アトレティコが前進できたのはシメオネ監督の功績だけでなく、多くの選手のおかげだったと思う。

彼らはアトレティコの選手であるのみならず、アトレティコ歴代で最高の選手になろうとしたのだった。強い気持ちを持って常にプレーした。

ガビ、コケ、ラウール・ガルシア、ゴディン、ミランダ、フィリペ・ルイス、ファンフランといった選手たちは、シメオネが監督に就任した当初は、レギュラーではなかった。

そして、シメオネが来たときに、彼らは「今こそ自分の番がやってきた」と一歩、前へ踏み出したのだった。

それが今、現在のようなクラブにまで押し上げることができたのだった。

いつもシメオネのことばかりが話題にされるけれど、それは正しくない。これまでの間やってきた選手たちこそが、最大の責任を持って過ごしてきたのだ。彼らにはチームを引っ張っていくのだという自覚があった。ときには偉大な選手がチームに加わり、また、ときには出ていった選手もいた。

しかし、このグループは変らず戦ってきたのだった。

それこそが、アトレティコが常に競争力を保ち続けて、タイトルを争ってこられた理由だった。今日では、マドリードやバルセロナと優勝を争うまでになったのだ。


2018年5月20日、ワンダ・メトロポリターノ・スタジアム。

アトレティコの選手としての最後の試合をして、そのあと、ファンとお別れをした。そのとき、僕はこのように話している。

「子どもの頃のカルデロン・スタジアムを覚えています。今日は私がアトレティコでプレーする最後の日となりましたが、これでおしまいではありません。このように私たちが感じられることが、これからもずっと続いていくことを願っています」

カルデロン・スタジアムには6万人ものファンがいて、僕の名前を呼んでくれた。僕は涙が流れるのを押さえることはできなかった。

「なぜ、君たちはアトレティコ・ファンなんだと聞かれたとき、それを説明するのは少し難しいことです。このエンブレムのために、選手たちはそれぞれの試合において死にものぐるいにがんばっています。そしてまた、このエンブレムは偉大な家族の象徴でもあります。私たちはひとつにまとまっているのです。それがアトレティコ・デ・マドリードなのです。私はそれを誇りに感じてきましたし、その一員であったことはとても名誉なことです。それは、みなさんのおかげです。心からありがとうと言わせていただきます。なぜなら、みなさんは私を世界で最高に幸せな人に、これまでずっとさせてきてくれたからです」

Agencia EFE/AFLO

2018年5月20日のリーグ最終戦。自らの2ゴールで有終の美を飾り、6万人が集まる中で引退セレモニーが行なわれた

ファンのなかには、僕がトップチームにデビューした日のことを覚えている人もいただろう。

そして、僕が再びアトレティコに戻った日のことを覚えている人もいるだろう。この日、クラブにお別れを告げたことを、これからいつまでも覚えてくれている人がいるだろう。

それは僕自身がアトレティであるからこそ、アトレティコのファンに見せることができたことでもあったと思う。

アトレティコ・ファンは僕の人生の一部である。遅かれ早かれ、僕がいつかまた彼らと出会うことになるのは避けられないことなのだ。

第5章
チーム

キャプテン

Capitanía

スペインにおいても、また、ヨーロッパにおいても、キャプテンはチームメイトあるいはクラブによって選ばれる。そして、全員を代表するものだ。

キャプテンの仕事でもっとも難しいのは、選手たち全員を集中させ、モチベーションを維持させることだ。また、試合に出られない選手のそばにいることもキャプテンの責任でもある。彼らのそばにいて、彼らを励まし、練習を続けるために諦めさせないことだ。

そして同時に、選手たちのエゴを戒め、全員に謙虚さを持ち続けさせることも大切な仕事だ。監督やコーチとも話をする必要もあるし、クラブとも話をしなければいけないときもある。さらに、ファンにとっての身近な存在とならなければいけない。

つまり、キャプテンとしてあまりにやることが多いので、よく試合の準備や練習の準備をする時間がなくなることも多い。

キャプテンを務めることはとても大変なことなのだ。クラブが問題を抱えていなければいいが、問題を抱えているような場合、キャプテンの仕事はさらに増加することになる。

キャプテンにはいろいろなタイプがいると思う。

話すのが好きなタイプのキャプテン。多くのことを話したがり、チームメイトを鼓舞するようなことを好んで話すものもいる。

しかし、キャプテンのなかには、自らの姿を示すことで影響を与えるものもいる。つまり、みんなにとってお手本となるような姿勢をとるものだ。

スティーブン・ジェラードは、その後者のタイプだ。多くの言葉を発するようなタイプではなく、周りの者が、彼がトレーニングをしている姿を見て、あるいは試合での彼のプレーを見て、お手本にするのだ。

いつも彼は最初に練習に出てきたし、もっともハードに練習するのは彼だった。いつも早くに練習場に来て、最後に練習場をあとにした。相手チームの選手たちも、ジェラードに対してリスペクトしていた。

彼が何かを話すときは、全員が彼の言葉に耳を傾けた。それは、彼が話すことは少なかったこともある。つまり、彼が何かを話そうとするときは、それは何かとても重要なことにちがいない、とみんなが思うからだ。ジェラードはとても偉大なキャプテンであったし、クラブの、そしてイングランドのレジェンドでもあった。しかし、練習や試合で彼と一緒にやっているとき、僕はとても楽しい時間を過ごすことができたんだ。

彼を知るまでは、僕は目標を設定することなんかしなかった。アトレティコでデビューし、スペイン1部リーグでプレーし、リヴァプールに行った。僕は猛進していったのだけれど、明確な目標設定はしていなかった。とにかく楽しみ、ゴールを決めることだけを考えていたのだ。

ところがジェラードが、僕の物事を理解する方法を変えたのだ。リヴァプール1年目のとき、僕はバロンドールの3位に入った。その発表が行なわれる式典に、僕はジェラードとともに行ったのだ。なぜなら、彼はFIFAのベストイレブンに選ばれていたからだ。

AP/AFLO

数々のコンビネーションでゴールを生んだリヴァプール時代のスティーブン・ジェラードとトーレス選手

その式典からの帰りの飛行機のなかで、彼は僕に「がっかりするな。そして心配するな」と言った。

そして、「君はこれからたくさんの賞を獲るだろうし、バロンドールだって獲るだろう」と言ったのだった。

彼とは飛行機のなかでずっと話をしていた。話をしながら、僕はいずれ、僕が望む賞を何でも取れるような気持ちにさせられたのだった。

そのときから、すべての目標に到達できるように努力しなければいけないと思うようになったのだ。彼が僕を信じてくれることで、僕は変わったのだ。僕はそのおかげで、ベストのシーズンを送ることができた。

彼がピッチにいることを知るだけで、僕はよくなっていったのだった。彼とともに過ごしたシーズンに、僕は80〜90のゴールを記録している。そのうちの90パーセントは、ジェラードのおかげであったと考えている。

監督

Entrenadores

人生のなかでは、出会ったときはとても重要な人だと感じても、時とともに忘れてしまうような人は多い。しかし反対に、年月が経ってもけっして忘れられないような人物がいる。僕が携わった監督の何人かが、まさにそうだった。アトレティコで最初の監督だったのは、マノーロ・ランヘルだった。そのあとのフベニルのときの監督が、アブラアム・ガルシアであり、そのあとが、ルイス・アラゴネスだった。この3人がやはり僕のなかでいちばん印象に残る監督だったと言えるだろう。

なぜなら3人の監督は、僕に重圧を与えるような言葉を口にしたことがなく、常に夢を与えるようなことを言ってくれたのだった。

監督は僕に対して、大切なことだから教えようとしてくれたのだけれど、そのときは理解できず、ずいぶんあとになってから理解できたことも多かった。

とくに僕がまだアマチュアだったとき、アブラアム・ガルシア監督から言われた教えは、そのあと何シーズンも、プロ選手として、何百もの試合を重ねてきたけれど、今でもしっかりと頭のなかに入っている。

フベニルに上がり、本来はフベニルのカテゴリーでもっと長い時間を過ごすべきなのに、2年も経たずにトップチームへと上がってしまった。アブラアム監督は、プロ選手になって経験していくだろうことを、よく話してくれたのだった。おそらく当時、僕は監督の言っていたことを半分も理解していなかったのかもしれない。監督は、僕のイメージを大切にすること、そして、チームメイトにとって僕が常にいい仲間であること、また、両親の言葉にはしっかりと耳を傾けるようにと話してくれた。


これからプロ選手として経験することは、これまでとは大きく変わっていくことを、アブラアム監督はわかっていた。僕はまだ16歳で、ただただ得点を決めることばかりを考えていた。しかし監督は、僕が直面していくだろうことについて助言してくれた。そのことは、今でもしっかりと心にとどめている。

そして彼は、僕がしっかりと考えることも教えてくれた。フッボリスタは年齢とともに成熟していく。20歳のときには30歳のときのようには考えない。若いときのほうがフィジカル的な状態はいいかもしれない。しかし、経験が加わることで、それが試合に役立つのだ。

アブラアム監督はとても早いうちから、動き出しとか、プレーを理解することを教えてくれた。ボールがなぜその場所に行かなければいけないのか。なぜほかではいけないのか。ボールよりも早く、その場所に着くためにはどこにいるべきなのか。チームメイトの動きを観察し、彼らを理解するようにと僕を指導した。

ルイス・アラゴネス監督も、同じように僕に細々《こまごま》と説明してくれたものだった。アラゴネス監督が言っていたことも、やはり、そのときは理解できなかったものもあった。

けれども、そのあとで「あっ、これが数年前にルイスが僕に説明していたことだったのか」と気づかされることがよくあった。

彼はどういうときにとははっきり言わないのだが、それから数年後に多くの場面で起こることを、「あとで気づいてわかるだろうよ」というような言い方で教えてくれた。

携わってきた監督のなかでは、やはり、ルイス・アラゴネスがいちばん影響を受けたと言っていいだろう。僕がプロとしてプレーするようになって、最初の監督でもあり、僕はまだその頃、まさにニーニョ（坊や）であったということもあるだろう。


監督からはたくさんのことを学んだ。初めの頃はとくに学ばなければいけないことは多いものだ。その点、ルイス・アラゴネスのようにベテランの監督に教わることができたのは、僕にとってとても幸せなことだったと言える。

たくさんのアドバイスをもらい、なかにはそれによって苦しんだこともあったけれど、またそれがあったからこそ頑張れたことも多かった。すべてのものから学ぶことはできるのだ。

AP/AFLO

アトレティコ・マドリードのデビュー当時からスペイン代表に至るまで、もっとも影響を受けたルイス・アラゴネス監督（2014年逝去。享年75）

のちに、ルイス・アラゴネス監督とは代表でも一緒になり、そして、そのチームはユーロ２００８で初優勝し、スペインのフットボール史を変えるような大きな結果を残すことになった。

すでに僕は、大分成熟していたし、より責任感も背負っていた。それでも監督の前では、相変わらず「ニーニョ」でしかなかった。やはり、父と子のような関係だったと言えるだろう。

その頃、彼はわかっていたのだと思う。彼はこんなことを言っていた。「この大会は誰もが思い出す監督になれるチャンスだ」と。彼はプロ選手として20年間プレーしていた。そして1部リーグのたくさんのチームの監督を務めた。スペインではとても尊敬された人だった。でも、いつまでも人々の記憶に残るために、ユーロで優勝したかったのだ。

また、彼にとって２００８年のユーロが、代表監督として最後の大会だった。どのような結果でも、彼は代表監督から退くことになっていた。そんなことからも、僕はなんとか彼を助けたいと感じていた。

彼はかつて僕にたくさんのことを教えてくれた。そして、代表で再び一緒になって、彼自身も僕が彼のために大きな力になってくれることを期待しているように感じた。

だから、決勝のドイツ戦で僕が決めたゴールによって、ヨーロッパ・チャンピオンとなったとき、そのことで彼に対して、少しは恩返しできたと思っている。なぜなら、彼の名は永遠に人々の記憶に留まることになったのだから。

スペイン代表

La Roja

僕らがユーロで初優勝できた大きな要因のひとつは、団結だったと言えるだろう。そもそも、その大会以前のチームは、優勝したチームに比べると団結力に欠けていたように感じた。誰もが信頼せず、誰もが望まない監督が就任していたし、新聞もその監督がいなくなるのを望むような報道をしていた。また、レアル・マドリードのラウールが代表に含まれないとか、とにかくスペインにおいては大きな論争がされていたのだった。

このような批判や、選手や監督に対するリスペクトの欠如が、僕らをさらに団結させる結果になったのかもしれなかった。ある意味、革命的な出来事だったといえるかもしれなかった。

誰も代表に期待していなかった。誰もスペイン代表がボールをキープして優勝できるなんて考えていなかったのだ。スペイン代表はそれまでそのような戦い方をしていなかった。

シャビ、イニエスタ、シルバ、ビジャといった、いわゆる「los bajitos ロス・バヒートス（背の低い者たち）」と呼ばれていたが、そんな小さい者たちで優勝できるなんて誰も思っていなかった。

しかし、ルイス・アラゴネスは信じていたのだ。そして、それが最良の戦い方であり、必ず優勝できると。監督は、僕ら選手に優勝できると信じ込ませたのだった。

最初の頃は、僕らは彼の言葉も、僕らのモチベーションを高めるためぐらいにしか思っていなかった。でものちに、それがそうではなかったということに気づくのだ。彼の言っていることは真実であると。

少しずつ僕らは信じるようになっていった。そして、最終的に初優勝を成し遂げることになるのだ。


たしかに以前は、スペインではほとんどの人がクラブには関心を持っているものの、代表にはあまり関心を持っていなかった。大会が始まっても、代表に自分の応援しているクラブの選手がいなければ、あまり関心を示さなかった。

たとえば、レアル・マドリードのファンだとしたら、バルセロナの選手は好きではない。だから、代表においても、バルセロナ以外の選手に出てもらいたいと望むのだ。代表を応援するという感情も存在していなかった。なぜなら、代表はいつも負けていたからだ。

それを大きく変えることになったのが２００８年のユーロ初優勝、２０１０年のワールドカップ初優勝、２０１２年のユーロ連覇であった。

この期間は、国中がひとつにまとまった。どこのクラブでプレーしている選手だろうと、関係なかった。もっとも、その頃代表でプレーしていた選手は、スペインのクラブではなく、国外のクラブでやっている選手が多かった。レイーナ、アルベロア、シャビ・アロンソ、僕はリヴァプールだったし、セスクはアーセナルというふうに。代表を構成しているのがリーガ・エスパニョーラの選手だけではなかったのだ。そのことも、人々が代表を応援することになるのを助けたのだった。そしてスペイン人であることに誇りを感じることもできたのだ。

ところが、2014年以降、再び代表が勝てなくなると、以前のように、人々はクラブの方を一生懸命応援するようになってしまった。

3大会連続優勝を飾ったため、人々はいつまでもスペインが勝ち続けるだろうと考えてしまったことも一因だった。3大会連覇という偉業が、いかに大変なことだったのかも、思い出せなくなってしまったのだ。

フットボールの歴史において、そのような偉業を達成したことはなかったし、これから先も長い間、このような偉業は達成されることはないだろう。でも、勝ち続けていると、それがいつまでも続くと思い込んでしまうのだ。その難しさも忘れてしまう。それが、このような状況を招いたといってもおかしくはないだろう。

代表にデビューした最初の頃は、代表とは自分のクラブで活躍したご褒美《ほうび》として呼ばれるものだというふうに思っていた。しかし、そうではなく、代表は最高のものだった。クラブで最高の選手の一人である者だけが、国の代表に呼ばれるのだと思うようになった。しかし、代表に呼ばれた選手のなかには、ユーロやワールドカップといった大会が始まるまで、代表に選ばれる意味を理解できないものもいる。代表に加わり、こういった大会に出て初めて、その重要さを理解することになる。

これらの大会は4年に1度しか行われないものであり、それだけに優勝するのはとても難しい、重要な大会であるのだ。そして、選手としてのキャリアのなかで、2度あるいは3度も出られることは、とても大きな幸せであるということを理解するのだ。

そしてまた、優勝を経験したときにこそ、代表に選ばれることがいかにすごいことなのかを知ることになる。2008年のユーロの優勝祝賀会は、とてもすごいものだった。

僕らが優勝し、マドリードに戻ると、200万人もの人が街に繰り出していた。代表で優勝したことの偉大さを、身をもって感じたのだ。

インタビュー
Entrevista

ルイス・カレーラス（サガン鳥栖 監督）

2001―02年シーズン、私は選手として2部に降格していたアトレティコ・デ・マドリードに加わりましたが、ちょうどフェルナンドがトップチームに上がったばかりのときでした。

彼は17歳から18歳の年齢であり、私は30歳になろうとしていました。つまり大人と子どもくらいの年齢差でしたが、初めて彼を見たときから、私はすでに現在のようなフェルナンド・トーレスになると確信しました。

その頃、私が左サイドバック、彼はフォワードとしてプレーしていました。私は彼に向けて何本かのクロスを上げ、あるいはディフェンスと中盤のライン間にパスを出したと思いますが、もう昔のことなのであまり細かいことは覚えていません。

しかし、2002−03シーズンにアトレティコは1部昇格を達成しますが、その年、彼はまさに爆発的な活躍を見せたことだけは、私の頭のなかに強烈な印象として残っています。

アトレティコで私が感心したのは、彼はとてもよく努力する選手であり、しかも競争力を持ち合わせていたことです。ゴールも簡単に決めてしまうのにも驚きました。さらに、当時の監督はルイス・アラゴネスでしたが、彼は監督やベテラン選手の指示をとてもよく聞いていたのです。

そしてもうひとつ感心したのは、18歳の若者でありながら、とてもしっかりと家庭でしつけをされていたことでした。家族がもつ価値観をしっかりと自分のなかに取り入れていたのです。

彼の両親には、まだ直接会ったことはありませんが、おそらくとてもよく子どもを教育した方なのでしょう。チーム内での彼のふるまい、フッボリスタ以前に、一人の人間として、その頃からすでに、彼はとても優れていたのです。先輩選手たちへのリスペクトも忘れることはありませんでした。

現在、彼がフッボリスタとして優れている点は、キャリアを通じて、常に高いレベルを維持してきたことです。だからこそ、自分の行き先を、いつも選ぶことができたのです。また、プレーしてきたどのチームでも、彼は常にリスペクトされてきました。それは、彼の仕事への取り組み方によるものです。彼はとてもまじめに、しかも、とても根気強く練習します。

フォワードとしてとくに優れているのは、エリア内でいい動きをみせて、有利な状況を生み出すことです。そして、不利な状況でも、彼は持ち前のパワーで、得点を決めることができます。

関係は異なりますが、奇しくも日本で、私は監督、彼は選手という立場で、再び彼と一緒にやることになりました。サガン鳥栖においては、トヨダ（豊田陽平選手）、チョ（趙東建選手）、ビクトル・イバルボ、ムウ（金崎夢生選手）ヤツ（島屋八徳選手）とともに、フィニッシャーとしての役割を発揮してくれることを期待しています。

第6章 未来

Capítulo

6

Futuro

サガンティーノ

Los Sagantinos

僕はサガン鳥栖のサポーターが大好きだ。スタジアムに、とてもよい雰囲気をつくり出してくれる。しかも、応援はとても健全なものだ。

試合中、チームへの声援を止めることなく、ずっと続けてくれる。しかも、僕らがアウェイで戦うときも、鳥栖からわざわざ駆けつけてくれて、歌い、そして、応援してくれる。アウェイになると人数はどうしても少ないから、音は小さくなってしまうかもしれないが、ピッチ上にいる僕らには、しっかりと彼らの声が伝わってくる。

そもそも、2015年夏に初めて僕が鳥栖に来たとき、スタンドに旗がたなびき、歌い続ける姿を見て、フットボールに対する大きなパッションを感じた。それから3年、僕が日本に着いたとき、佐賀空港にたくさんのサポーターがユニフォーム姿で駆けつけてくれたのはとてもうれしかった。僕にとっての1年目、Jリーグでデビューした試合から、最終節で1部残留を決めるまで、僕は常にファンの愛情を感じながらプレーすることができた。

そして、僕がプレーする姿を見て、ファンが喜んでくれたことはとても重要なことだった。フッボリスタにとって、もっとも大切なことは、多くの人に感動を伝えることなのだから。

僕はサポーターがにぎやかに応援してくれるようなチームで、プレーするのが好きだ。誰も歌ってくれず、音もしないような静かなスタジアムでプレーするのは楽しくないものだ。その意味で、僕はこのようなサポーターがいるサガン鳥栖に来られたことを本当に幸せに感じている。僕らがうまく行っているときも、うまく行っていないときも、サガンティーノは変わらず応援してくれる。

サガン鳥栖への移籍を決めたときから、僕は責任を感じていた。それはクラブに対して、竹原社長に対して、鳥栖という街に対してだった。しかし、何よりもフットボールクラブにとって大切な存在であるサポーターに対して、強く責任を感じてきた。ピッチ上でチームのために貢献することもそうだが、ピッチ外においてもクラブがよりいいものとなり、しっかりとオーガナイズされるように貢献することも大切なことだと考えている。

サガン鳥栖のチームを取り巻く環境をさらに整えて、将来に向けてサガン鳥栖というクラブをよりよくしていくことに貢献できればいい。

クラブと約束したのは、僕のこれまでの経験を生かした助言をして、チームをよくしていくこと。そして何よりも、着実に貢献していくことで、数年のうちに、サガンティーノにより楽しんでもらえるような環境づくりをすることだ。

外国人選手のなかには、日本にはパッションが足りないという者もいるが、僕はそんなことはないと思う。少なくともスタジアムにはパッションが存在している。サポーターは自らが応援するチームに対して、大きなパッションを持っているのであり、だからこそ、スタジアムはいつも満員となる。

僕らが残留を争い、そのためには絶対に勝たなければいけなかった横浜マリノス戦に勝利した日、スタンドにいた人たちのうち、何人かは勝利できたことで泣いていた。そんな姿を、僕は自分自身の目で見た。これこそがパッションなのだ。自分のチームを自分のなかに感じること。勝利も敗戦も、また、喜びも悲しみも、自分のなかに感じること、それがパッションなのだ。

これまで、フットボールがすべてという環境のなかでやってきた。スペインでは1時間、あるいは45分間、フットボールだけのニュースがテレビで流される。フットボールがすべてのなかでもっとも重要なものなのだ。人々はフットボールを見る、聞く、そして、フットボールを話すのだ。フットボールが24時間、人々の話題とされ、つねにフットボールに対してパッションを感じている。

自分の応援するチームが負けると眠ることができない。選手も試合に負けると怒りを露わにする。その晩は食事もしたくないし、眠りにつくこともできなくなる。ただひたすら次の試合を待つのだ。


フットボールに対して、たくさんのパッションが存在し、そしてそれがあまりに大きすぎると、その人の人生の原動力にもなるし、また、大きく制止させるようなものにもなってしまう。チームがうまくいっていれば、幸せであり、そうでなければ幸せではなくなる。そこまで行くと問題だとも言えるだろう。

だが、僕らはそういったことを子どもの頃から教わってきたのだ。フットボールこそがすべてなのだと。だから、日本にやってきたとき、ここでは別の見方がされているということに気がついた。フットボールに対する接し方が、日本ではもう少し静かなものだった。

サポーターはパッションを持っているし、選手たちも持っている。しかし、もう少し表情に出すことが必要なのかもしれない。リスペクトを少し欠いてもいいから、叫びながら、パッションを感じながらプレーをしてもいい。

試合中にチームメイトとやり合って、けんかをしてもいい。なぜなら二人とも勝利したいという気持ちは、同じように持っているのだから。

自分の考え方と、チームメイトの考えが異なるときもある。そういうときは話さなければいけないし、言い合うことも必要なのだ。大きな声で言い合ったらいいじゃないか。それで何の問題もないのだ。試合が終わったら抱き合えばいい。二人それぞれに異なったやり方を考えていたかもしれないが、同じ目標を持って90分間戦ったのだから。

日本では何かミスをすると、周りの選手がドンマイ（気にするな）と声をかけることもある。そのような解決法があってもいいと思うし、日本のそのようなやり方を僕は好きだ。

日本でやっていて感じるのは、いつも深呼吸をする間《ま》があって、そこで考えることができるということ。だから、平和的に物事を解決することができるのではないか。ヨーロッパが見習わなければいけないことかもしれない。

ヨーロッパのフットボールの世界では、徹底的に表現し合う。この辺りは日本とは大きく異なっている。

しかし、日本も少しずつ変わっていくのかもしれない。フットボールがもっと重要となり、大きくなったら、自然と変わっていくのではないか。日本でもフットボールがいつかナンバーワン・スポーツとなる日がやってくるだろう。そうなったときには、変わっていくと僕は思う。

JFA/AFLO

大きなモチベーションになっているサガン鳥栖サポーターの存在と応援

2年目

Segundo año

サガン鳥栖に加わった1年目の目標は、J1残留を果たすことだった。2年目に向けては、僕らはいくつかのノルマを決めて始めるか、あるいは将来のクラブのための基盤をつくっていくことになるだろう。

残留争いから学ぶべきことは多かった。これらのすべての経験は、僕らがよくなっていくために生かされなければいけないのだ。

そのひとつは、いいスタートを切らなければいけないということだ。Jリーグの開幕からいいスタートを切ることの大切さ。下位にまで順位を落とさないことだ。いったん下位に沈むと、そこから抜け出すのは難しくなる。

いいスタートを切り、上位に留まること。長いシーズンのなかには、調子を落として勝ち点を取りこぼしてしまうこともあるだろう。しかし、もし上位にいたのならば、下位にまで転落してしまうことはないのだ。少しだけ順位を落とすだけなら、また上がっていくことも可能だろう。だが、2018年シーズンのように下位に一度落ちてしまうと、上位に戻るのは難しくなってしまうのだ。

シーズン開幕の段階では、シーズン最後のことは考えるべきではない。日本では誰もが、「今シーズンの目標は何ですか?」と尋ねる。だが、答えは「まずは目の前の試合に勝つこと」であり、それ以外の答えはないのだ。

アトレティコ・デ・マドリードのシメオネ監督が口癖のように言ってきた、「パルティード・ア・パルティード(1試合1試合)」

僕らがしなければいけないことは、まさにそれなのだ。まずは、プレシーズンにしっかりと準備をして、そしてよいシーズンを送ること。怪我をすることなく、チームのほとんどの選手が、常に起用可能な状態でいられること。監督が望んでいることをいち早く理解することも大切だ。

そして、まずは最初の試合に勝利する。そして、最初の試合が終わったら、次の試合のことを考える。常に次の試合のことだけを考えていれば、その試合に勝利することができる。

11カ月間のことを考えても意味がない。これから1週間の間に起こることだって、僕らはわかっていないのだから。それなのになぜ11カ月間に起こることを知ることができるだろうか？　野望を持ち、一歩一歩前へ進んでいくのみだ。

1年目の個人成績は、公式戦19試合に出場し、18試合が先発だった。得点数は4、アシストは2というものだった。

個人成績というのは、チーム全体のなかにおいて評価されるべきものだと思う。2018年シーズン、僕らは、失点は少なかったけれど、得点もとても少なかった。チャンスの数も少なかった。チームがやっていたフットボールは、攻撃的なものではなかったのだ。

しっかりと統制が取れたチームだったので、たしかに相手は僕らから得点を獲るのは難しかった。だが、僕らは攻撃的なフットボールを展開することもできなかった。試合時間の大半を自陣で戦うことが多かったのだ。

ボールを失ったときでも、僕らはとてもよくオーガナイズされていた。でもボールを奪った位置が、相手ゴールから遠すぎる。それでは得点チャンスを生み出す可能性は低く、得点は入らない。

したがって今シーズンは、もっと攻撃的なチームにすることが必要だろう。しっかりとした守備は維持しながら、もっと勇敢に攻撃できるようなチームにしなければいけない。

1試合に2度のセンタリングしかないのを、1試合10回に増やす。3回しかないゴールチャンスを15回に増やすというように、相手陣内で多く試合を進めれば、チャンスはもっと増えるのだから。

パスを出すのを恐れてはいけない。ミスをおそれてはいけない。ミスを犯したからって問題はない。そのときこそ学ぶことになるのだから。ミスを多くすれば、それだけ早く学ぶことができるのだ。

相手陣内でしっかりとボールを回すような、強い気持ちを僕らは持たなければいけないのだ。そして、チャンスをつくり出す。ミスを恐れずにやるということだ。ミスの修正は練習で繰り返しやればいい。試合では、できるのだと自信を持って戦うことだ。

メンバーは、ほとんど変わりないけれど、2年目はそういった点をよくしていかなければいけないだろう。

2019年シーズンは、スペイン人のルイス・カレーラス監督となり、また、イサック・クエンカも加わった。

クエンカについては個人的には知らなかったけれど、彼を相手に何度か戦ったことがあった。彼がFCバルセロナにいるとき、僕がチェルシーでチャンピオンズ・リーグ準決勝を戦っている。先発で彼は出てきた。そのあと、彼がグラナダFCに所属していたときも、一度対戦している。

2人の加入がチームにとってよいことになればいい。バルセロナ・スタイルの攻撃的な監督を連れてきたことで、サガン鳥栖はスタイルを変えることを決意した。

ボールポゼッションを好み、ピッチを広く使いながらボールをキープし、できるだけ相手陣内で戦うだろう。ルイス・カレーラス監督は、それを僕らにしっかりと植えつけようとしている。

プレシーズンから僕ら選手も、彼の望んでいる戦術に適応しようと努力してきた。僕らはできるだけ早く監督のやりたいことを理解し、彼の戦術に適応しようとしてきた。あとはチームとして機能させていくことだ。

2年目のシーズンとなり、僕自身が確約できる唯一のことは、それを僕は常々口に出していることだが、一生懸命がんばるということだ。100パーセントの力を発揮できるように努めることだ。チームの全員が100パーセントがんばって、100パーセントの力を発揮できたら、素晴らしいシーズンになることは間違いないだろう。

一人ひとりが力を発揮すること。フォワードはたくさんのゴールを決め、ゴールキーパーは失点を少なくする。中盤の選手はたくさんのアシストをする。個々が努力することによって、いいチームができあがることになる。たくさんのゴールを決めて、多くの試合に勝利する。シーズンが終わったとき、みんなが誇りに感じられるはずだ。

第6章
未来

日本の未来

El futuro de Japón

日本に来てから、僕の息子はフットボール・スクールに通っている。そこで一緒にやっている子どもたちを見て感じたのは、日本ではテクニックが重視された指導がされているということだ。

スペインも子どもの年代だと、テクニック、器用さに重点を置いて指導する。ボールをうまく扱うことを習うわけで、もちろんこれはとても重要なことだ。

しかし、あるときからは、戦術やフットボールのコンセプトを学び始めていくことになる。最初はテクニック90パーセント、戦術10パーセントだが、さらに成長していくにつれて、その比重も変わっていく。

おそらく日本ではそのようなことはしていないのではないかと思う。戦術やコンセプトがあまり重要視されていないように感じるからだ。

16歳から17歳の頃には、戦術やコンセプトに関して多くのことを知らなくてはいけなくなる。技術的にとてもいい選手がそろっている日本ではあり得ないことだと思うが、ヨーロッパではテクニック的にあまりよくない選手でも活躍しているとことがよくあるのだ。

ボールコントロールもよくなく、パスの精度も高くない選手でありながら、世界最高峰といわれるスペインリーグの1部で20年間プレーしている選手もいる。

そういった選手は、戦術的な知識を持ち合わせていて、しかもインテリジェントで、パワーもあることが多い。彼らがうまくやっていけるのも、局面においてどのようにすればよいのか、よくわかっているからであり、また、してはいけないこともわかっている。さらに、試合の流れも読むことができるのだ。

ひとつ言えることは、戦術的にいいチームは、戦術的に悪いチームよりも多くの試合を勝つということだ。

したがって、プレーするのに役立つのは、技術だけではないのだ。テクニックが、すべてのなかでもっとも重要なものではないのだ。日本においては戦術理解度が少し欠けているようだ。それは育成のときから習わなければいけないのだ。プロになってからは、それほど学ぶことはない。スペインに行く日本人選手は、とてもよくやっている。なぜなら、彼らはコンディションを備えているからだ。

少し足りないのは戦術理解度であるような気がする。そういった点は学ぶ必要があるだろう。

学ぶのはけっして難しくない。むしろ、テクニックの資質を学ぶことのほうが簡単ではない。けれど、日本人選手はすでにそれを子どもの頃からやってきているし、学んできている。

日本にはとても優れた選手がいるし、ワールドカップでの日本代表はとても素晴らしかった。A代表だけでなく、年代別の代表も優れている。

しかし、日本がさらに上を目指していくには、あらためなければいけない点もあるのだ。

そのひとつが子どものときからの指導法を変えていくことだ。

現在やっていることだけでなく、ほかのことを学び始め、それを伴い、補っていくのだ。それをやれるようになれば、日本はポテンシャルがあるので、絶対に強くなっていく。それはまちがいないことだ。

現在の日本のフットボール界に存在しているもののなかには、これからもずっと維持していってほしいと感じるものも多い。ひとつにはサポーターのパッションであり、スタジアムの雰囲気だ。

Jリーグは、どこの試合会場に行ってもスタジアムは満員となっている。そのようなことは、ほかの国々では難しいことだ。スペインでもスタジアムをいっぱいにするのは大変なことなのだ。

人々がフットボールを観たいと望み、スポーツに対するパッションを持っている。このことはとても重要なことなのだ。それはこれからも続けていってほしい。

日本人選手たちはテクニックの基本をしっかりとやってきている。これも維持していくべきだろう。個々は技術的には問題がないので、あとはチームとしての仕事において、よくしていく必要があるだろう。

フットボールは組織プレーによるものだ。いくら個人としてはいい動きをしても、チームとして機能しなければ意味がない。フットボールには、個々の仕事と組織としての仕事があることを忘れてはいけない。日本は組織的な面をさらによくしていかなければいけないと思う。


フットボールにとって大切な言葉がいくつかある。

たとえば、ペルソナリダ（強い気持ち）、ウミリダ（謙虚さ）、サクリフィシオ（献身的）といったものだ。

これらすべての言葉が重要であり、これらの言葉の持つ意味、大切さを僕はアトレティコで学んできた。そして、クラブに入る前の僕の家庭からも、その大切さを教えてもらっていたのだ。つまり、フットボールだけに重要なのではなく、人生においてもとても大切なものでもあるのだ。

Personalidad　ペルソナリダ

常に強い気持ちを持つこと。試合の難しい局面に直面したときに持たなければいけないものだ。頭を冷静にして、プレッシャーを感じないでプレーする。ナバースにならないで、難しい局面のときこそベストを尽くすのだ。偉大な選手ほど、より難しい局面になったときにいいプレーをするものなのだ。それが並の選手と偉大な選手の違いともいえるものだろう。

Humilidad ウミリダ

常に謙虚であること。一生懸命仕事をすることであり、学ぶことに対しても謙虚でなければいけない。たとえ大人になっても、常にほかのものから学べることはあるのだということ。そしてまた、仕事をするためにも謙虚でなければいけない。チームメイトの調子が悪いとき、その彼を助けるのだ。仕事をするために、人一倍仕事をするようにがんばらなければいけないのだ。

Sacrificio サクリフィシオ

献身的になること。目的を達成するためには、ときには献身的にならなければいけない。とくに粘り強く、根気強く、固執する。試合に負けても、再び立ち上がり、勝利を目指さなければいけないのだ。次の試合に向けて仕事を続けていかなければいけない。屈せずに二度と負けないようにしなければいけない。

日本の子どもたちにアドバイスを贈るのならば、何か夢中になることを愛し、そして、楽しむことが大切だということだ。子どもの頃は、何かを好きになり、それをやっていることがとても幸せに感じる。

それは何でもいい。それがスポーツであれ、絵を描くことであれ、なんでもいいのだ。親は子どもが楽しそうにやっているものを、大切に考えてあげればいい。

フットボール選手になるために、子どもの頃に唯一必要なことは、フットボールを楽しみ、幸せに感じていることだ。

それは成長とともに、さらに、楽しめるようでなければいけない。練習をして、学んでいく。しかし、もっとも重要なのは、フットボールをやって楽しむことなのだ。楽しんでやっていくうちに、それがパッションへと変わっていく。このパッションこそが、フットボールをやるうえでエッセンシャルとなるものだ。

また子どもの頃は、将来ビッグになりたいと夢を見ることだ。世界最高の選手になりたいと夢を見るべきなのだ。プロ選手になることを夢見るにしても、目標はできるだけ高く持つべきだ。

常により高いところを目指してがんばっていく。たとえ、途中で終わってしまったとしても、ヨーロッパのビッグクラブでプレーすることができるかもしれない。

でも、もしもプロ選手を目指すだけなら、プロ選手にもなれずに、フッボリスタにすらなれないかもしれない。できるだけ上を目指すことが大切だ。けっして不可能ではないのだから。

第6章
未来

人生 Vida

これからの僕は、とにかく1試合1試合のことだけを考えていくつもりだ。あまり先のことは考えないで、とにかく今を楽しむ。僕が選手としてプレーできるのは、それほど長くないことはわかっている。だから、楽しみたいのだ。チームメイトとともに、ワクワクした気持ちでグラウンドに出て練習して、試合に出場する。ちょっとしたことにも楽しみを見つけたい。

なぜならば、いつ僕の最後のシーズンになるかわからないからだ。そのときは間違いなく寂しい気持ちになるだろう。でも、とにかく今は、好きなことをやって、家族のそばで、一瞬一瞬を楽しみたい。すべてはものすごいスピードで過ぎ去るからね。

僕は自分の体が、もうこれ以上はプレーするのが無理だというまで続けるだろう。体は正直だ。だから、体が無理だと言うまでは続けていく。幸い、今のところ、まだやめろとは言ってない。だから、続けているのだ。

挑戦というものは、そのつど、自分に課していくものだと思う。そしてまた、挑戦することはとても重要なことだ。それが難しいものであればあるほど、そして、夢見ることが不可能だと思えるようなことほどいいものだ。

大きなことを夢見れば、必ず大きなことをやり遂げることができるはずだ。簡単なことを夢見ていたら、どこまで達成できたのかもわからないだろう。

現在、僕が持っている挑戦については、人にあえて言うものではないと思っている。

しかし、僕個人にかんして話すなら、前のシーズンよりもよくなること。前のシーズンよりも多くの得点を決めて、いいプレーをして、さらに楽しんで、多く笑うことだ。

それが、僕がこれから取り組む挑戦だ。そして日々、少しでも幸せに感じられることを目指したい。

そしてクラブがさらに成長していけるように貢献していきたい。

２０１８年シーズンはみんなにとってとても大変な年だった。２０１９年シーズンは下位に沈むことなく、新しい戦い方のスタイルを持つこと。それは誰もが好きなものであり、必ず機能し、少しずつクラブは成長していくはずだ。

それは順位を上げていくとか、そういうことではない。

クラブ周辺のインフラを整えて、近年のうちによりビッグになるのを目指していく。それは、監督や選手を獲得するだけの意味ではない。クラブを取り巻くすべての点をよりよくしていくということだ。


両親や祖父母は、僕に人生において大切ないくつかの言葉を教えてくれた。それは、仕事（el trabajo）、リスペクト（el respeto）、献身（el sacrificio）、努力（el esfuerzo）というものだ。

これまでの人生において、常に実践してきたことは、「とにかくやってみる」ということだ。そして、夢や目的を持ち続けるうえでも、それに向けてがんばる過程においても、楽しもうとしてきた。夢を追いかけるだけで、その夢に向けてあまりに一生懸命になりすぎて、日々を楽しめなくなることは多い。

でも、もっとも大切だと思うのは、夢に向かってがんばっていく過程も、しっかりと楽しむことだ。

日々の練習、そして、努力することを楽しむ。その過程でも幸せであることを感じることだ。

僕が手にしたもっとも大きなトロフィーとは、家族を持つことができたことだ。フットボールは、子どものときの夢を実現させることを助けてくれた。その夢とは、素晴らしい人生を送るということであり、僕にとって最大の勝利、僕にとって最大の成功とは、妻と出会い、幸せな家庭を築くことができたことだ。僕がフットボールをやめるときが来ても、僕らは若々しくありたいし、そして、日々を楽しんでいきたい。

夢を実現させようとするあまり、周りのことが見えなくなってしまうことがある。しかし、明日何が起こるのかは、誰にもわからない。人生には不幸も、悲しみもある。病とか、たくさんの悪いこともある。そういったものにいつ遭遇するのかは、誰もわからないのだ。

だからこそ、今日を楽しむことが大切だ。人生には美しく楽しいことがたくさんある。だから、楽しまなければいけない。

僕は10歳のときから勉強と練習を両立させてきた。それは僕の両親との約束でもあった。ちゃんと勉強もして、いい成績を取ったなら、練習に行ってよいとされていた。

練習場までは、毎日列車とバスを乗り継いで2時間かけて通った。そして、17歳になったばかりのときに、僕はプロのフッボリスタとなった。まだ、学校も卒業していないときだった。

だから僕は、大学で何を勉強したいのかを考える時間もなかった。立ち止まって落ちついて考える時間もなかったのだ。大学に進むことを考える前に、プロ選手になってしまっていたからだ。

大学へ行ける人をうらやましいと思ったこともある。僕は高校課程までを終えているけれど、セレクティビダーと呼ばれる大学の試験を受けることはできなかった。

なぜなら、19歳以下のユーロのスペイン代表に選ばれ、海外に遠征していたからだ。国外へ留学することはできなかったけれども、僕は18歳から24歳の間、フットボールを通じて、いろいろと海外を回ることもできたし、そこでたくさんの人々を知り、成長していくことができたと思っている。

だから、もしもフッボリスタにならなければ、何になっていたかと聞かれても、わからないというのが正直な答えだ。だが、ほかの仕事を選ぶということはしなかっただろう。


フットボールは僕にとっての大学でもあったのだ。フットボールを通じて様々なことを学んでこられたからだ。チームで練習することで、さまざまなことを学んできた。

チームメイトをリスペクトすることも、フッボリスタとしての限界もわかるようになってきたし、旅をしたり、外国語を学んだり、フットボール界に輝く素晴らしい人々とも出会うことができた。

家族を持ち、兄弟や両親を助けることもできた。会社をつくることもできて、従業員もまもなく100人を越すだろう。

フットボールこそが、今の僕にこのような生活を営むことを許してくれた。

だから、僕にとっての大学であり、僕は今の職業を変えようとは思っていない。

僕は恵まれていると、心の底から思っている。

僕が学んできたことを、これからは仲間や、将来を担う子どもたちに、たくさん伝えていきたいと思っている。

だから、この本がその役割を果たすことができたら、とてもうれしく思う。

あまり先のことは考えずに、とにかく瞬間、瞬間を思い切り楽しみたい。

トーレスが貫くアトレティな生き方

トーレスが生まれたフエンラブラダという街は、スペインの首都マドリードの中心からは22キロ南、ラ・リーガ1部に所属するクラブ、レガネスの町よりもさらに南に7キロほど行ったところにある。トーレス自身の言葉を借りれば「工場が多い、労働者が多く住む街」とのことだが、そこからトーレスは電車とバスを乗り継いで、毎日2時間かけてアトレティコの練習に通っていた。

トーレスの父はガリシア州出身だった。ガリシア州はイベリア半島の西北、ポルトガルの北に位置し、大西洋に面したところ。

トーレスは子どもの頃、毎年夏休みをガリシアで過ごしていた。オラジャ・ドミンゲス夫人ともそこで知り合っていることもあり、トーレスは「ガリシアは僕の人生すべてに強く影響を与えた地」と言っている。

しかし、トーレスがフットボールを好きになり、しかも、アトレティコ・デ・マドリードのファンになることに、強く影響を与えたのは母方の祖父エウラリオだった。

エウラリオの家はマドリードから48キロほど北に行った小さな村バルデアベーロにあり、トーレスの家からは70キロほど離れているが、トーレスが子どもの頃、一家は週末を祖父の家で過ごすことが多かった。

トーレスがアトレティコ・ファンになるきっかけとなったのも、祖父の家に置かれていた、アトレティコの紋章が描かれたお皿にトーレスが関心を持ったからだった。

エウラリオが通うバルの常連客のほとんどがレアル・マドリード・ファンであろうと、彼はアトレティコ・ファンを貫き、さらに、子どもだったトーレスに、アトレティたるものはどうあるべきかを説いている。

「スペインでは自分の愛するクラブを選ぶことはとても重要なことだ。子どものときから、これからどのような生き方をするのか、これからの人生に向けてとても大きな影響を与えるものでもある」

と彼自身も話すように、彼がアトレティコ・ファンとなったときから、生き方そのものがアトレティとなったのである。

ここでスペインリーグにおけるアトレティコの存在について少し説明しなければいけないだろう。

スペインリーグ1部は20チームからなるが、スペインの2大都市のクラブであるレアル・マドリードとバルセロナが財政的にも豊かであり、他クラブを圧倒し、近年では優勝もほぼこの2大クラブに独占されている

しかしながら、アトレティコ・デ・マドリードはスペインにおいて独特の存在感を示してきた。首都のクラブである2つのクラブは、レアル・マドリードが富裕層に支えられてきた一方、アトレティコ・デ・マドリードは労働者階級に支えられて育ってきたと言われる。

アトレティコは、前身であった「アトレティコ・アビアシオン」時代から、2大クラブに負けずにタイトルを多く獲ってきた。とくに1960年代から70年代にかけては、2大クラブと堂々とタイトル争いを繰り広げたのだった。

アトレティコが大切にするものが「戦うこと、働くこと、謙虚さを持つこと」であり、バルサやレアル・マドリードを相手にも堂々と戦う。それが、アトレティにとっての誇りでもある。

2000-01年シーズン、フェルナンド・トーレスがトップチームデビューしたとき、アトレティコはクラブ創設以来、初めて2部降格しており、苦しい時期であった。トーレスはデビュー2年目には弱冠18歳でありながら、レギュラーとなり、36試合に出場し、1部昇格に貢献している。

だが、1部に復帰したものの、アトレティコは、もはや60年代のように強いアトレティコではなくなっていた。それでもファンはかつての栄光を追い続ける。やがて、その要求は絶対的なレギュラーとなり、アトレティコの象徴としての存在感を強めていったトーレスに対して、向けられることになる。

アトレティコでの7シーズン目が終わると、彼は海外移籍を決意する。チームを強くするためには、自分に支払われているお金で、選手の補強をしなければいけないとトーレスは考えたからだった。それにしても、クラブのことを考えて移籍を決意する選手などいるものだろうか？　それほど彼がアトレティコに対して強い愛情を持っていたのだ。

リヴァプール、チェルシー、ACミランと9年間、海外クラブを渡り歩き、トーレスは、一人のフッボリスタとして大きな成長を遂げることになる。とくにこの間、スペイン代表での活躍が著しい。

2008年ユーロの優勝は、スペイン代表にとって初のビッグタイトルであるが、決勝戦で彼が決めたゴールは、スペイン・フットボール史上において永遠に語り継がれることになるはずだ。

そしてまた、それまでどちらかというとクラブへの人気が高く、代表にはあまり目を向けていなかったスペインのファンの目を、代表に向けさせた功績は大きかった。2010年ワールドカップ優勝。2012年ユーロ2連覇と、スペイン代表はまさに黄金期であった。

海外生活を送った9年間においても、彼の心の中には常にアトレティコがあった。そしてついに2015年1月、アトレティコへの復帰が実現する。

しかし、かつてトーレスがいた頃の弱いアトレティコは大きく変貌を遂げていた。2011年から就任したシメオネ監督により強いアトレティコが復活し、バルサとレアルと対等に優勝を争うまでになり、2013-14年シーズンには18年ぶりのリーグ優勝を果たしている。

アトレティコの大切にする「戦うこと」「ハードワークすること」「謙虚さを持つこと」が、シメオネイズムの中にも色濃く反映されている。シメオネが目指すフットボールにおいては、メッシもロナウドも、あるいはネイマールも必要とされなかった。アトレティコがアトレティコであるためには、派手でなくても、チームが一丸となって戦う。それがまさにアトレティらしさであったからだ。

シメオネ監督がチームを強くし、そしてアトレティコ・ファンのハートをしっかりつかむことができたのは、シメオネ自身が選手としてもアトレティコでプレーした経験を持っていたからだ。

アトレティコに復帰したトーレスは二ケタ得点を記録し、かつて在籍していた7年間では1点も決めることのできなかったマドリード・ダービーでも2ゴールを決め、バルセロナを相手にも得点を決めている。重要な試合で得点を決め、チャンピオンズリーグへの出場にも大きく貢献したのだった。

しかし、2017－18年シーズンになると出場の機会が少なくなり、退団を決意することになる。本書においても、そのときの気持ちがよく語られている。彼にしてみれば、アトレティコ復帰が叶った段階で、〝心のクラブ〟で引退をと望んでいたはずだ。しかし、その願いは叶わなかった。

アトレティコ後の選手生活を送るうえで、トーレスが日本のサガン鳥栖を選んだことは、興味深い。

「（サガン鳥栖は）たしかに現時点においては、小さな、予算も少ないクラブであるかもしれない。しかし、強くなることは十分に可能であり、Ｊリーグにおいて、鳥栖よりも大きな予算を持っているクラブと、いい戦いをしていくことは可能だと思った。それはある意味で、ぼくがアトレティコ・デ・マドリードでプレーしてきた環境と似ているものだった。アトレティコは常に予算的に恵まれたレアル・マドリードやＦＣバルセロナといったビッグクラブを前にしても、恐れることなく、堂々と戦ってきたからだ。僕はそういうクラブが好きなのだ」

サガン鳥栖を選んだところにも、アトレティらしさが現われていたのだ。

２０１８年シーズン後半戦からチームに加わった彼は、彼自身一度も経験したことのなかった残留争いの中に身を投じ、みごとサガン鳥栖のＪ１残留に貢献している。

しかし、そのなかにも、彼の目には異文化と映るような理解に苦しむことも多かった。驚きや葛藤を経験しながらも、彼は積極的に新しいものを学んでい

構成・訳者
あとがきにかえて

こうという姿勢を貫いていることを、本書からも感じ取れるはずだ。

クラブが人生まで変えてしまう。それは、百年以上の歴史を持つクラブだからこそかもしれない。また、成熟したサッカー文化が存在するスペインであるからこそとも言える。

しかし、トーレスは創立から30年にも満たないJリーグから、また日本から、何かを学ぼうとしている。彼の姿勢はあくまでも謙虚であり、それこそが彼がアトレティコで学んだものにほかならない。トーレスは今もアトレティであり続けているのだ。

そして、トーレスのアトレティな生きかたは、必ずサガン鳥栖に生かされていくはずだ。

フェルナンド・トーレス

本名＝フェルナンド・ホセ・トーレス・サンス（Fernando José Torres Sanz）

1984年3月20日生まれ、スペイン・マドリード州フエンラブラダ出身のサッカー選手。186cm／78kg。ポジションはフォワード。ニックネームは、El Niño（エル・ニーニョ）。10歳のときにアトレティコ・マドリードの下部組織に入団し、2001年、17歳でトップデビューを果たす。以来、チームのエースストライカーとして活躍し、チームの象徴的存在となる。2007年にリヴァプールFCに移籍すると、リーグ戦33試合で24ゴールを決め、世界的なストライカーとしての評価を不動のものとする。その後、チェルシーFCでは、FAカップ、UEFAチャンピオンズリーグ、UEFAヨーロッパリーグ優勝に貢献。ACミランを経て、2015年古巣のアトレティコ・マドリードに復帰。2015-16シーズンには11得点を上げる活躍をみせた。2018年4月に退団を発表し、複数のチームが獲得合戦をするなか、同年7月からJリーグのサガン鳥栖に加入した。スペイン代表としては、UEFA欧州選手権2004からFIFAワールドカップ2014まで、6大会連続で出場。2008年の欧州選手権では決勝のドイツ戦で決勝ゴールを決め、スペイン史上初の優勝に貢献。2010年にはFIFAワールドカップで初優勝。連覇となった2012年の欧州選手権では大会得点王にも輝いた。代表通算110試合38ゴールは、同国史上3位。

竹澤 哲／構成・訳者
（Satoshi Takezawa）

上智大学外国語学部ポルトガル語学科卒業後、ポルトガル、スペインに8年間滞在。帰国後、通訳、翻訳の仕事を経てスポーツ・ジャーナリストに。南米、欧州サッカーをテーマに多数寄稿。著書に『フォルツァ！ アレックス』（文春ネスコ）、『ジンガ：ブラジリアンフットボールの魅力』（プチグラパブリッシング）、『クリスティアーノ・ロナウド 生きる神話、知られざる素顔』（徳間書店）、翻訳に『監督の条件』（日本スポーツ出版社）、『エビータの真実』（中央公論新社）ほか、『ネイマール 父の教え、僕の生きかた』（徳間書店）は、2015年度の児童図書・優良図書展示会選定ベスト（トーハン）の単品読物部門でも1位に選ばれロングセラーとなっている。

SPECIAL THANKS

Antonio Sanz（BAHIA INTERNACIONAL）

株式会社サガン・ドリームス

STAFF

構成・訳　竹澤哲

装　丁　須永英司（3.14CREATIVE）

写　真　安川啓太　浦正弘　AFLO

組　版　キャップス

校　正　村松進　安部千鶴子（美笑企画）

編　集　苅部達矢（徳間書店）

フェルナンド・トーレス
これまでの道、これからの夢

第1刷　2019年3月31日

著　者　フェルナンド・トーレス

発行者　平野健一

発行所　株式会社徳間書店

〒141-8202 東京都品川区上大崎3-1-1 目黒セントラルスクエア

電話／編集 03-5403-4350　販売 049-293-5521

振替／00140-0-44392

印刷・製本　大日本印刷株式会社

ISBN978-4-19-864815-2